DESMOND TUTU

Una mirada desde el Pensamiento Social Cristiano

Título original:
Desmond Tutu
Una mirada desde el Pensamiento Social Cristiano

Compilación: Karen Castillo Mayagoitia

Textos: © Ángela Yesenia Olaya
        © Yolanda Monserrat Paz
        © Andrea Mareyli Flores
        © Samuel Efraín Murillo
        © Ricardo Blanco Beledo
        © Ricardo Guillermo Gallego
        © Belina Carranza López
        © Pietro Ameglio Patella
        © Miguel Álvarez Gándara

Formación: Alberto Nava
Cuidado editorial: Eva González Pérez

© Derechos reservados, 2023
1a. impresión

Instituto Mexicano de Doctrina Social Cristiana,
Pedro Luis Ogazón 56, col. Guadalupe Inn,
alcaldía Álvaro Obregón, 01020 Ciudad de México
www.imdosoc.org / libreria@imdosoc.org

ISBN:-978-607-8234-60-8

Hecho en México   Printed in Mexico

DESMOND TUTU

Una mirada desde el Pensamiento Social Cristiano

Instituto Mexicano de Doctrina Social Cristiana

Iglesia Anglicana de México

COMPILADORES

CONTENIDO

PRESENTACIÓN

El legado de Desmond Tutu es vasto; su papel en la lucha contra el *apartheid* y su incansable trabajo en la restauración de la paz en África del Sur es digno de exaltarse y recordarse. Si bien es cierto que, como sucede tras la muerte de aquellas y aquellos grandes constructores de la historia, una ola de textos y memorias se une a las filas de las editoriales intentando ser los primeros en contar y cantar las memorias de los que se han ido. Este trabajo no ha querido ser el primero, ni será el último en ver la luz, pues la vida y obra del obispo anglicano es susceptible de ser abordada desde distintos ámbitos: así de polifacética y fructuosa fue su misión.

Los textos que aquí se presentan surgen no sólo como reconocimiento de la encomiable tarea del primer obispo sudafricano de raza negra de Ciudad del Cabo, sino como un compromiso por recuperar la memoria de este hombre que dio ejemplo de una vida dedicada al Evangelio, es decir, un testimonio radical de lo que implica la construcción del Reino de Dios en el seno de la historia: denunciar las injusticias, proponer modelos de vida solidaria, promover la paz y luchar por instaurarla, por procurar el perdón y por conquistar la libertad.

De este modo, en un ejercicio de comunión, la Iglesia Anglicana de México y el Instituto Mexicano de Doctrina Social Cristiana (IMDOSOC) se unen en un esfuerzo por mantener viva la memoria de un hombre que supo unir la fe y la vida diaria. Porque precisamente en la entraña de la historia acontece la Salvación. En este sentido, la obra que se presenta al lector no quiere hacer alarde de erudición; si bien es cierto que su finalidad no es exclusivamente académica, está escrita con hondura y profunda reflexión, y se presenta como expresión palpable de la razón cordial. Así, cada uno de los capítulos que aquí se presentan abona a un esfuerzo por recuperar algunos de los grandes hitos de la biografía y misión del arzobispo Tutu, con la intención no tanto de exaltar su persona, como de mantener viva la memoria de su vida y el legado de su obra, tarea más que pertinente en medio de un contexto social, donde la violencia cobra, cada vez más, el papel protagónico en el drama del mundo.

Unidos a este esfuerzo —no necesariamente por disipar la oscuridad en la que parece envolvernos esta violencia, sino en ser capaces de vislumbrar nuevos rumbos por donde seguir orientando nuestros esfuerzos para construir una sociedad más justa e incluyente—, la estructura de este libro ha optado por seguir las orientaciones hondamente caladas en la tradición latinoamericana, es decir el método del *ver, juzgar* y *actuar*. Estos tres momentos marcan los apartados por donde discurren y transcurren las cavilaciones de las y los autores que configuran el amplio mapeo del legado del premio Nobel de la Paz, Desmond Tutu.

El primer bloque —*Ver*— se inaugura con las letras de Ángela Yesenia Olaya Requene, investigadora afrocolombiana interesada en analizar los temas de raza y racismo en América Latina, la diáspora negra y la migración forzada en distintas latitudes, de manera especial, en las comunidades afrolatinoamericanas. En su capítulo "Repensar las migraciones africanas hacia América Latina: una necesidad para fortalecer luchas comunes", nos invita a otear el panorama de la geopolítica internacional y tomar conciencia del apabullante incremento de las migraciones que llevan a un tránsito constante y obligado, un itinerario donde se proyectan nuevas configuraciones del sentido de una vida en movimiento generado no por una dinámica propia del devenir existencial, sino por la condición diaspórica propia de aquellos que deben huir de su patria por miedo, violencia, hambre, persecución y miseria. Tras un mapeo bien documentado sobre los problemas de migración forzada en el mundo, la autora nos invita a reforzar la lucha y estrechar los lazos solidarios capaces de generar "liderazgos basados en el reconocimiento de una humanidad común y en la aceptación de que tejer fortalezas no constituye una debilidad, sino una oportunidad para luchar contra la injusticia racial, social y económica".

Por su parte, Yolanda Monserrat Paz, en su aportación "Desmond Tutu: acabar con el racismo es volver a la comunidad", nos lleva a los inicios de la formación teológico-espiritual de Tutu, para dejar en claro el modo en que el arzobispo anglicano buscó en las raíces de su propia tradición cultural, los principios de una espiritualidad basada en la sabiduría ancestral: "Umntu ngumtu ngabantu", esto es, el principio de toda comunidad humana que entiende que "una persona es persona a través de otras personas". Esta filosofía originaria, aunada al espíritu evangélico, serán los pilares de su teología práctica, y que otros han denominado *teología negra*, "una invitación para establecer relaciones de armonía, compasión y comprensión con los demás, independientemente de su origen étnico-racial, género y orientación".

El segundo apartado —*Juzgar*— presenta una valoración del contexto en el que Desmond Tutu se presentó como protagonista de una lucha social en contra de la desigualdad, las injusticias, la muerte y la pobreza. La pluma de Andrea Mareyli Flores, salvadoreña y defensora de los derechos humanos, cuyo texto abre este bloque y lleva por título "Todo es tan real, pero nada es normal", nos invita a leer la realidad local desde las lentes de Tutu. Así, al señalar que todo es tan normal, en realidad la autora está desafiando la "normalidad" o costumbre en la que está ubicándose la injusticia, la violencia, la desigualdad: esto que nos hemos habituado a sobrellevar, aunque real, en realidad no puede ser normal. De ahí el interés de la autora por invitarnos a leer desde una nueva perspectiva la realidad, para conocerla, incidir en ella y trastocarla, toda vez que "lo que sale de mi boca, de mis ojos, de mi alma hacia los demás, son los mejores espacios para conectar y crear conexiones que pueden llegar a cambiar el mundo. Como lo hizo Tutu".

El texto titulado "Ubuntu que acontece: reflexión teológica desde la humanidad Crucificada", de la autoría de Samuel Efraín Murillo Torres, clérigo de la Iglesia Metodista de México e investigador en el King's College de la Universidad de Aberdeen, bien puede ser el quiasmo de esta sección dedicada a juzgar-analizar la realidad. A la luz de la teología política de Walter Benjamin, Ignacio Ellacuría, Gustavo Gutiérrez, Emmanuel Lévinas, entre otros destacados pensadores, el autor nos propone vincular la espiritualidad del *Ubuntu*, entendido como una sabiduría contra epistémico-violenta, es decir, el *Ubuntu* quiere desvelar la mentira que subyace en la praxis religiosa, política e institucional —*lato sensu*— que ha sacralizado y perpetuado el sinsentido del abuso y la violencia. En este sentido, la lectura de Murillo en torno al *ubuntu que acontece*, se presenta como una reflexión histórica basada en el hacerse cargo y el dejarse cargar por la realidad del mundo.

A la luz de la categoría *civilización de la pobreza* de Ellacuría, el autor nos reitera el imperativo ético que quiere responder a la humanidad que hoy está siendo crucificada. De igual modo, al evocar la memoria escatológica benjaminiana, nos recuerda la necesidad de traer al hoy la fuerza del *eschaton* que irrumpe y revierte la historia desde sus entrañas. En este sentido, la lectura teológico-política de Murillo nos ayuda a traer al contexto de nuestro hoy un posicionamiento frente al olvido del Estado y sus sistemas; en buena medida, es así como la memoria kairológica mantiene viva la presencia de los ausentes. Así, la gracia se entenderá como "el don que permite encontrar la esperanza en los sinsentidos deshumanizados [como aquella que] abraza la desesperanza como lo que es". Esta memoria kairológica, y este modo de operar de la gracia, "no permite olvidar nunca que estamos siendo acogidos en todo tiempo y lugar por el escándalo y desastre del Dios encarnado".

Las reflexiones de Ricardo Blanco en su texto "Desmond Tutu. Espiritualidad, mística y compromiso social" cierran el segundo bloque del libro, y en buena medida, lo hace dando continuidad al texto que le precede. Sin embargo, si aquél busca en los derroteros de la teología política, éste incursiona en una mística que conlleva un *ethos* propio; es decir, el autor remite a la teología de Tutu para resaltar su vigencia y enfatizar que la espiritualidad está en relación y armonía con el mundo, por lo tanto, se trata de una espiritualidad encarnada y operante *en* y *desde* la historia, una espiritualidad eminentemente relacional, toda vez que "expresa en su esencia la característica vía media anglicana; horror a los univocismos, a la rigidez, y distancia de los equivocismos, de la disolución".

El tercer apartado de este libro —*Actuar*— busca proponer algunas líneas de acción que, a la luz del pensamiento ético-teológico de Desmond Tutu, puedan ser llevadas a la práctica en la concreción del contexto local en la medida que las mismas situaciones lo demanden y posibiliten. El texto que abre este apartado es de la autoría de Ricardo Guillermo Gallego, el cual lleva por título "Tutu y la Comisión de la Verdad y Reconciliación: Paralelismos con el caso de México". Como el nombre lo indica, el autor establece una serie de conexiones tanto de forma como de fondo en la instauración de comisiones de la verdad que nos ayuden, como en el caso de Tutu y su comunidad, a esclarecer los hechos del pasado. Mediante un ejercicio arduo y veraz se reclama la necesidad de reconstruir los hechos para dejar que la verdad emerja desde la oscuridad de los hechos violentos, ya que sólo así, a la luz de la verdad, será posible entretejer esfuerzos en vías de una posible reconciliación con el pasado, con las víctimas y sus victimarios.

Desde una ladera distinta, más allá de la revisión de propuestas, la reverenda y presbítera de la Iglesia Anglicana, Belina Carranza nos propone su texto, "Reflexiones personales en torno al actuar en nuestra cotidianidad". El título del capítulo nos dice ya por donde excursiona el texto, por los derroteros de la interioridad que luego son llevados a la praxis, de manera que establece una armonía entre el pensar y el actuar. El ejemplo de Tutu, capaz de establecer el *arco* que une coherentemente vida y obra, sirve a la autora para resaltar la necesidad de que la actitud y la conducta vayan de la mano. Para Carranza, la actitud es aquello "que mostramos como fachada, lo que trasmitimos de nosotros a los demás. En cambio, la conducta es cómo nos conducimos en las acciones observables de nuestro diario actuar". A decir de la autora, es necesario buscar un equilibrio entre el decir y el hacer, entre nuestras actitudes y nuestras acciones: ello coadyuvará a aminorar la esquizofrenia social en la que parece que estamos inmersos.

Por su parte, el capítulo titulado "Tutu: constructor de paz y no violencia en medio de las peores violencias e inhumanidades", de la autoría de Pietro Ameglio, nos recuerda algunas de las acciones clave en la misión de Tutu, su incansable tarea en pro de la construcción de paz, así como su afán por erradicar la violencia, una misión que, a decir del autor, contribuyó con su propia carne a instaurar *el Reino de Dios* en el centro de lo público: Tutu "metió el cuerpo en el espacio público, abierto siempre junto a las víctimas y a los manifestantes contra el *apartheid* en situaciones extremas de dolor y desobediencia civil". En este contexto de calamidad, el arzobispo Tutu supo buscar el equilibrio entre el perdón y la reparación: amnistía, sí, pero también compensación o reparación del daño. Sólo así el perdón posibilitará otear un futuro esperanzador.

Como cierre de este tercer apartado, el texto "*Arco*, de pastor en el dolor a profeta del perdón y la justicia" de Miguel Álvarez Gándara, destaca el modo en que Tutu supo ser el gozne entre fe y política, entre moral y legalidad, merced de su *comprensión bíblica sobre la libertad*. Al respecto, dice el autor: "Tutu hablaba de justicia restaurativa y sanadora, en lugar de justicia restitutiva y punitiva". Detrás de esta idea subyace una concepción de la *Imago Dei* en tanto creaturas e hijos, concepción que nos invita a creer que, incluso el peor de los verdugos puede llegar a ser mejor persona. Esta antropología no supone una visión infantil del perdón, antes bien, revierte su sentido mundano y apela a una lectura del perdón evangélico: perdonar no supone la condonación de lo perpetrado, antes bien, para Tutu perdonar supone "extraer el aguijón en la memoria, que amenaza con envenenar toda nuestra existencia".

Las diferentes miradas y experiencias que aquí se presentan nos permiten descubrir la necesidad de releer su vida como un horizonte de posibilidad donde la dignidad humana adquiere el lugar central; donde la resistencia es un camino; donde inventar, crear, imaginar y soñar son fuente para el compromiso social; donde la alegría es una fuerza para la reconciliación. Todo ello, en una persona cuya fe marca una actitud de esperanza ante las dificultades.

Las palabras de Desmond Tutu están impregnadas de sabiduría, su potencia no radica en el éxito de un logrado *bien-decir* mercadológico; antes bien, son imagen de una vida donde los principios de dignidad, solidaridad y bien común configuran su ser y su hacer. Sus acciones nos muestran la humanidad a la que Jesús nos invita. Sus gestos lograron abrir un camino para la justicia y la paz.

Desmond Tutu, como un modelo de pastor que supo vivir el Evangelio hasta las últimas consecuencias, tiene mucho que decirnos ante las diferentes realidades sociales que vivimos actualmente. Su vida, desde la lupa de personas comprometidas con causas sociales en nuestro país, nos permite adentrarnos a propuestas actuales del pensamiento social cristiano.

Karen Castillo Mayagoitia,
Luis Gustavo Meléndez Guerrero, FSC

REPENSAR LAS MIGRACIONES AFRICANAS HACIA AMÉRICA LATINA: UNA NECESIDAD PARA FORTALECER LUCHAS COMUNES

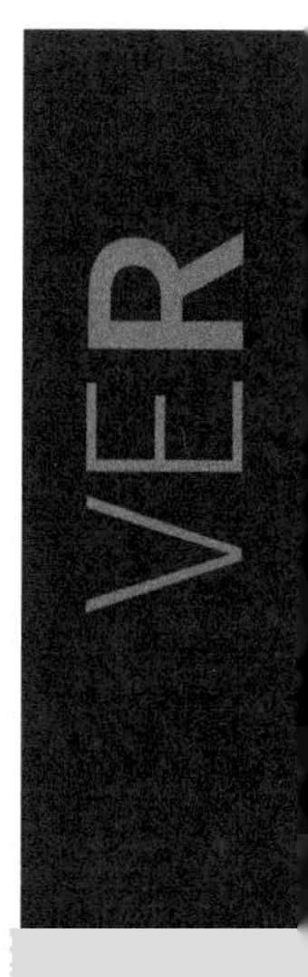

*Ángela Yesenia Olaya Requene**

Desmond Tutu, arzobispo galardonado con el Nobel de la Paz en 1984, dijo "si eres neutral en situaciones de injusticia, es que has elegido el lado opresor". Su vida y obra en la historia contemporánea sudafricana marcaron un hito en la lucha contra la segregación y explotación racial. Tras el fin del *apartheid* y la llegada de Nelson Mandela al poder en 1994, Desmond Tutu presidió la Comisión de la Verdad y la Reconciliación, cuyo encargo consistió en dar a conocer y juzgar las violaciones de los derechos humanos cometidas en Sudáfrica durante los 33 años del régimen del *apartheid*. Toda una vida dedicada a luchar por los derechos humanos, la paz, las relaciones entre los grupos étnicos, la igualdad de género, los derechos de los niños, la justicia social y contra la pobreza.

En la historia de los derechos civiles, Sudáfrica reclama un logro trascendental: el fin del *apartheid* y la construcción de una democracia. Sin embargo, para los sudafricanos negros, la liberación política, la dignificación de sus identidades y el ejercicio de sus derechos humanos aún debe traducirse en logros materiales y oportunidades económicas más amplios. Después del *apartheid*, el gobierno dejó gran parte de las tierras y otros activos en manos de una élite predominantemente blanca, con lo cual se profundizaron las brechas raciales y económi-

---

* Coordinadora académica del Certificado en Estudios Afrolatinoamericanos en el Instituto de Investigaciones Afrolatinoamericanas de la Universidad de Harvard.

cas que se traducen para los sudafricanos negros en exclusiones y empobrecimiento. Grandes sectores de la población negra siguen sumidos en la miseria, en tierras que no poseen legalmente, situación que ha desembocado en migraciones forzadas dentro del continente africano. Sin embargo, estas brechas también pueden extrapolarse a otros países del continente donde las comunidades viven en contextos de explotación, violencias, guerras civiles y muertes que perpetúan dinámicas de racialización y segregación en el tiempo.

Pensemos en los más de 23 484 migrantes desaparecidos en el mar Mediterráneo, que navegaron en botes desde las costas del norte de África para procurar asilo o para emigrar a Europa (OIM, 2020); en las muertes nunca documentadas de migrantes de nacionalidades africanas en las fronteras de los países centroamericanos; en las detenciones y confinamientos de migrantes originarios de Camerún, la República Democrática del Congo, Eritrea, Ghana y Somalia en el Centro de detención de migrantes siglo XXI en Tapachula, en espera de un permiso de libre tránsito para llegar a Estados Unidos.

Estos movimientos migratorios son alimentados por múltiples factores, desde económicos hasta situaciones de conflicto, inestabilidad política y guerras civiles. Por ejemplo, en los países de África Occidental y Central, la violencia relacionada con las tensiones comunitarias y étnicas y la insurgencia del grupo Boko Haram, que comenzó en 2009 en el estado septentrional de Borno de Nigeria, han dado lugar a masivos desplazamientos transfronterizos y migraciones extracontinentales de personas que buscan asilo político en Norteamérica. Incluso, dentro del continente, Camerún es vulnerable a los efectos desestabilizadores de Nigeria y la República Centroafricana que luchan contra el terrorismo de Boko Haram.

La mayor parte de los flujos de migración africana ocurren dentro de África; sin embargo, el aumento de africanos que viajan a través del continente americano y se encuentran en la frontera entre Estados Unidos y México en los últimos años se ha producido en un contexto de disminución del número de africanos interceptados mientras intentaban ingresar a Europa de manera irregular (Yates y Bolter, 2021). Los cambios en las dinámicas migratorias surgen en el momento en el que los gobiernos europeos prohíben la entrada de los migrantes por el mar Mediterráneo.

A su vez, junto con los bloqueos, las redes transnacionales de los migrantes transmiten y socializan información acerca de rutas a través del hemisferio occidental para llegar a Estados Unidos. Según un reporte de la Organización Internacional para las Migraciones (OIM, 2020), en las dos últimas décadas en América Latina no sólo ha habido un aumento de la migración, sino también un incremento en los flujos extracontinentales, principalmente de africanos. Existen importantes corredores migratorios dentro de África y desde éste hacia otros continentes. En relación con América Latina, muchos de ellos se relacionan con la proximidad geográfica y con vínculos históricos, como el tráfico de africanos esclavizados hacia el continente entre los siglos XVI y XIX, así como la utilización de países latinoamericanos como lugares de tránsito para re-emigrar hacia otros destinos, especialmente a Estados Unidos.

En estos contextos, destaca la creciente inmigración desde Sudáfrica, Senegal, Nigeria, Ghana, Guinea Ecuatorial, y el Camerún, entre otros, que dada las fuertes medidas de *securitización* de las fronteras y políticas migratorias impulsadas por Estados Unidos y la Unión Europea, y su salida o cercanía al Atlántico, han configurado rutas de flujos migratorios extracontinentales por vía marítima o aérea hacia Sudamérica, con Argentina, Brasil y Ecuador como destinos principales. En esta ruta, los migrantes atraviesan más de nueve países de Centro y Sudamérica para llegar a la frontera en México y Estados Unidos. En cada uno de estos países, enfrentan desafíos relacionados con el racismo, la xenofobia, la discriminación por motivos religiosos y el desconocimiento de los procedimientos de inmigración para el tránsito o cruce de fronteras. Además, las diferencias culturales y, en particular, las barreras del idioma pueden convertirlos en objetos de extorsión no sólo de las autoridades, sino también de grupos delictivos o de otros migrantes. Por ejemplo, es frecuente el cobro excesivo por hospedaje, alimentación, transporte y otros servicios básicos.

Como resultado, los africanos se enfrentan a complejos contextos de reproducción de la pobreza, desprovistos de servicios mínimos, hacinamiento, falta de acceso a la sanidad y al agua potable e inseguridad humana. Estos movimientos migratorios a escala planetaria traen a la memoria los tiempos de la esclavitud: el dolor de la fragmentación familiar, la búsqueda e intentos de reconstrucción de un nuevo hogar, en lugares muchas veces sometidos al control de fuerzas violentas que prolongan las situaciones de riesgo, amenaza y muerte de la población migrante; pero también el racismo y la xenofobia que justifican la detención, amenazas, exclusión y en ocasiones la muerte de los migrantes. En México, por ejemplo, enunciados como "la ola de migrantes africanos en México" acaparan las portadas de los principales medios de comunicación, y generan un efecto en la opinión pública, relacionada con manifestaciones de discursos racistas y xenófobos contra ellos, y que asumen a los migrantes como amenazas sociales, económicas, culturales, con la delincuencia, ilegalidad, criminalidad, etcétera, con lo cual a veces legitiman el uso de la violencia policial hacia ellos.

Estamos ante una geopolítica de expulsiones africanas que, desde el momento de la expulsión del lugar de origen, genera en las geografías de diferentes países del mundo "lugares de tránsito" en condiciones de anonimato y desigualdades extremas; pareciera no haber un asentamiento definitivo. La gente se ve obligada a proyectar el sentido de su propia vida a partir del movimiento, configurando éxodos humanos que bien pueden relacionarse: personas y pueblos enteros expulsados del lugar de origen por las fuerzas globales que controlan las tierras y territorios y que vienen a reactualizar y agudizar el racismo estructural y sistemático contra los pueblos negros en África, lo cual perpetúa la agudización de la pobreza y la marginalidad y, en consecuencia, se les niega el derecho a la vida. Como ha dicho Desmond Tutu, "siempre que el sistema económico va mal, surge el racismo".

Es importante comprender que la continuidad de las violencias económicas y raciales contra la gente negra en África amenaza de manera integral su supervivencia en todos los aspectos, en sus tierras y territorios, en su integridad individual y colectiva, y en su cosmovisión, así como en la afectación a sus valores culturales, espirituales y tradicionales.

Los flujos contemporáneos de las migraciones africanas hacia y desde América Latina, las rutas y trayectorias que producen en los lugares de tránsito, la vulnerabilidad estructural de los migrantes, el biopoder y la biopolítica para disciplinar y dejar morir a los migrantes, o simplemente para impedir su movilidad hacia Estados Unidos, hace urgente construir una *cartografía global de las migraciones africanas*, mapeando las formas de organización de los movimientos migratorios y su configuración espacial.

Conforme esta migración aumente, será crucial que los países de tránsito de América Latina articulen esfuerzos para gestionar la migración y aborden los desafíos específicos que surgen para los africanos que se desplazan a través del hemisferio occidental. Pero también es una oportunidad para crear o reforzar esfuerzos y solidaridades *afrodiaspóricas* entre los pueblos africanos y afrolatinoamericanos que permitan avanzar en el propósito de Desmond Tutu de construir "una sociedad democrática y justa, sin divisiones raciales", desde una garantía de los derechos civiles para todos y el cese de la deportación forzada, despojos de territorios y violencias raciales. Esto implica, por un lado, crear conciencia y dar visibilidad a las realidades y situaciones de angustia e incertidumbres que viven miles de personas africanas en los países latinoamericanos tratando de llegar a los Estados Unidos, a luchar en contra de crueldad de la detención y la deportación y, por otro lado, reconocer que el mismo sistema de encarcelamiento masivo y brutalidad policial contra los migrantes africanos también lo padecen los pueblos afrolatinoamericanos, lo que deriva en la separación de familias, la destrucción de culturas y el aniquilamiento de la propia vida.

En otras palabras, se requiere: *gestar una práctica de solidaridad y un reclamo de justicia a escala planetaria*. La esperanza que alienta el legado de Desmond Tutu es precisamente que pueda servir de instrumento eficaz para un mejor conocimiento y una mayor potenciación efectiva de las luchas por la dignidad y los derechos de los pueblos africanos y de la diáspora africana en América Latina que, incluso en sus especificidades, siempre estarán imbricados con los derechos humanos de todos los humanos.

Los pueblos negros de África y América Latina tienen en común muchas experiencias compartidas y luchas que se repiten a lo largo del tiempo y que, a pesar de las diferencias políticas, sociales y geográficas de cada uno de los países donde viven, las realidades de opresión racial son parecidas, encuentran dificultades para enfrentar el racismo, y todas sus luchas tienen que ver con la necesidad de alcanzar la igualdad de condiciones que les ha sido arrebatadas. La experiencia ancestral de dignidad de estos pueblos negros y sus movilizaciones por la equidad e igualdad son una motivación para la superación de la pobreza y el avance a sociedades más justas y equitativas con una plena vigencias de los derechos políticos, económicos, sociales y culturales,

Lo anterior implica la construcción de liderazgos basados en el reconocimiento de una humanidad común y en la aceptación de que tejer fortalezas no constituye una debilidad, sino una oportunidad para luchar contra la injusticia racial, social y económica y contra la injusticia basada en género o estatus migratorio. Esto tiene que ver con la formación de seres humanos comprometidos y con la necesidad de trascender el presente y de construir un proyecto en común centrado en una ética de la vida, de la solidaridad y la convivencia.

"Mi humanidad está ligada a la tuya, porque nosotros sólo podemos ser humanos juntos", afirmó Desmond Tutu.

Bibliografía

Yates Caitlyn, Bolter Jessica (2021). Migración africana a través del continente americano. Impulsores, rutas y respuestas normativas. *Migration Policy Institute.* Disponible en: https://reliefweb.int/sites/reliefweb.int/files/resources/mpi-african -migration-americas-esp_final.pdf

Organización Internacional para las Migraciones (2020). *Informe sobre las Migraciones en el Mundo 2020.* Disponible en: https://publications.iom.int/es/books/informe-sobre-las-migraciones-en-el-mundo-2020

DESMOND TUTU: ACABAR CON EL RACISMO ES VOLVER A LA COMUNIDAD

*Yolanda Monserrat Paz**

*No puede haber razas superiores ni inferiores. Todos tenemos
el mismo valor, nacemos iguales en dignidad y libres y,
por esta razón, merecemos ser respetados, cualesquiera
que sean nuestras circunstancias externas.*
DESMOND TUTU

El racismo es un problema estructural que causa rechazo y marginación hacia una parte de la población por su origen étnico-racial; es el principal origen de las desigualdades económicas, políticas y culturales que impera en la mayoría de las sociedades. El racismo indica que una parte de la población es vulnerable porque se encuentra oprimida por otra parte dominante.

Desigualdad "natural" entre las razas

Para entender mejor el problema, recurrimos a Van Dijk, quien señala que el racismo se compone de un subsistema social y otro cognitivo. El subsistema social comprende las prácticas sociales discriminatorias, a

---

* Politóloga por el Colmex y Comunicóloga Política por la UNAM. Ha colaborado en proyectos de investigación en el Colegio de México, el Instituto de Investigaciones Jurídicas, la Facultad de Ciencias Políticas y Sociales, el Centro de Estudios de Opinión Pública de la UNAM y también ha sido funcionaria pública en el Gobierno Federal.

un nivel micro, y las relaciones de abuso de poder por parte de grupos, organizaciones e instituciones dominantes, a un nivel macro. A su vez, el subsistema cognitivo se enfoca en la parte no visible de las acciones discriminatorias cotidianas; es decir, en las interacciones étnicas que se encuentran enraizadas en prejuicios e ideologías racistas (Van Dijk, 2001).

Para Tomás Pérez Vejo, aunque el hecho de que todas las personas descienden de Eva constituyó un elemento igualitario, "no era lo mismo descender de Cam, el hijo maldito de Noé, cuyos descendientes fueron condenados a la esclavitud por el Génesis, que descender de Jafet, un hombre destinado a dominar la tierra" (Pérez, 2015). Estas ideas encumbraron la creencia de una desigualdad natural entre las razas humanas y determinaron en gran medida la manera en la que se llevaron a cabo los procesos de colonización fuera de Europa.

La cuestión racial se utilizó con gran frecuencia como categoría de análisis para entender y explicar el mundo a lo largo del siglo xix y gran parte del xx. Para comprender mejor las causas que originaron esta forma de pensamiento, es necesario conocer las lógicas de dominación y exclusión étnico-culturales que imperaron en los procesos de desarrollo e industrialización de los países europeos y que los llevaron a considerarse como "la cuna de la civilización occidental".

En las últimas décadas del siglo xvii, algunos países europeos consolidaron importantes imperios gracias a los frutos de la Revolución Industrial. Sin embargo, su desarrollo tecnológico y económico no habría podido lograrse sin la colonización de territorios en África y América, de donde obtuvieron materias primas y mano de obra a precios insignificantes.

En África, la búsqueda de mano de obra barata originó un mercado de esclavos que favoreció los intereses económicos de las potencias europeas. A su vez, el auge económico de estas potencias generó una visión eurocéntrica de la riqueza y del poder que derivó en la percepción de una distancia social entre el hombre europeo y el obrero/esclavo. Así comenzó a extenderse la idea de que Europa era la "cuna de la civilización occidental" que aportaba conocimiento y desarrollo a los pueblos "salvajes y atrasados" (Barradas, Vázquez y Zaldívar, 2018).

Aún hoy persiste la frase "ésos son inventos del hombre blanco", la cual se refiere a la dificultad y complejidad de los avances tecnológicos. En el fondo, esta frase alude a una visión hegemónica del hombre blanco, civilizado, que se ha reforzado con el paso del tiempo. En contraste, las mujeres y las personas pertenecientes a otras razas y culturas suelen colocarse jerárquicamente por debajo de aquella figura idealizada.

Para consolidar la idea de la superioridad blanca-europea respecto de las demás, a principios del siglo xx comenzaron a utilizarse argumentos biologicistas derivados del triunfo del darwinismo. Aunque, de acuerdo con Pérez Vejo, Darwin se opuso a que las distintas razas se consideraran especies diferenciadas, las teorías evolucionistas los utilizaron para justificar la creencia de que existen razas superiores e inferiores (Pérez, 2015). Esto abrió paso a que el discurso racista adquiriera una coherencia lógica y científicamente fundamentada, de la que carecía hasta ese momento.

Descubrimiento de su vocación religiosa

Desmond Tutu dedicó su vida a luchar contra el racismo y la discriminación. Desde temprana edad mantuvo una relación estrecha con la religión, debido a que el proceso de "civilización" inherente a la colonización europea conllevaba un importante componente de conversión religiosa.

El vínculo de Desmond Tutu con la Iglesia anglicana surgió por la cercanía de su familia con los monjes de la *Community of Resurrection*, congregación religiosa que mantenía firmes principios de aceptación a la multiculturalidad y el rechazo ante las políticas separacionistas de otros grupos religiosos. Ahí conoció a Trevor Huddleston, fuerte opositor del *apartheid*, quien se convertiría en su mentor (Márquez, 2014: 145).

En los cincuenta, los *afrikáners* obtuvieron el triunfo electoral y comenzaron a diseñar su política segregacionista que, según ellos, cumplía la voluntad divina. El *apartheid* establecía una separación total entre personas de distintas razas, principalmente por su color de piel, en los ámbitos político, social y económico, bajo los tres principios naciona-listas: supremacía blanca, segregación racial y un estado nacional cris-tiano (Márquez, 2014).

Tutu comenzó a trabajar como maestro cuando el gobierno *afriká-ner* promulgó la Ley de Educación Bantú y estableció los principios del *apartheid* en este rubro. Bajo dicha ley, los estudiantes negros no podían tener el mismo nivel de aprendizaje que los blancos. Hendrik Verwoerd, autor de la norma, lo explica así:

> La política de mi departamento es que la educación bantú debe estar con los pies en la tierra. ¿De qué sirve enseñar matemáticas al niño ban-tú si no puede utilizarlas en la práctica? [...] De nada sirve que reciba una formación que tenga como objetivo asimilarse a la comunidad europea. Hasta ahora ha estado sometido a un sistema escolar que lo alejó de su propia comunidad y lo engañó mostrándole los verdes pastos de la so-ciedad europea en los que no se le permite pastar. (Du Boulay, 1988: 43)

Ante esta situación, las escuelas —controladas por las Iglesias— se en-contraban ante un dilema: acatar las disposiciones de una ley injusta o negarse a colaborar y cerrar sus puertas, privando a los alumnos negros de cualquier posibilidad de educación.

Por este motivo, Desmond Tutu, encaminado por su mentor Hu-ddleston, dejó la docencia y emprendió su camino hacia el seminario anglicano. Márquez señala que la decisión posiblemente buscó al prin-cipio "un buen acomodo", pues Desmond estaba casado y tenía una familia que cuidar y mantener. Sin embargo, en el seminario *St. Peters* en Johannesburgo, se fraguó su vocación religiosa al descubrir la vida espiritual de la comunidad (Márquez, 2014: 147).

De acuerdo con Samuel Willard, los años de formación religiosa de Des-mond Tutu coincidieron con algunos acontecimientos dramáticos en su país: la declaración de Sudáfrica como nación blanca y el traslado de la población negra de sus antiguos territorios hacia los *bantustáns,* para convertir al país en lugar de blancos; la matanza de Sharpeville ocasionada por una protesta pacífica ante la implantación de los *pass law*, o documento que debían portar los negros que salieran de sus zonas establecidas donde se expresaba el permiso de sus empleadores blancos para estar fuera, y la proclamación de Sudáfrica como república independiente mediante su salida de la *Commonwealth,* entre otros.

Tutu: lucha contra racismo y discriminación

La autoridad que otorgaba a Tutu su posición en la Iglesia anglicana le permitió expresar sus ideas acerca de racismo del régimen, cuando las principales fuerzas que luchaban contra el *apartheid* habían sido combatidas y sus líderes encarcelados o exiliados.

Para Tutu, el *apartheid* no correspondía con la "voluntad divina", como afirmaban sus creadores. Por eso, emprendió una ardua campaña para sensibilizar a la población creyente y a la Iglesia para asumir una posición más activa frente a las injusticias del *apartheid.* Tutu fue ampliamente criticado por asumir públicamente una posición política como miembro de la Iglesia, pero no podía ignorar el sufrimiento de toda una población, perpetuado en nombre de Dios.

Desmond Tutu consideraba que los reclamos "dad al César lo que es del César y a Dios lo que es de Dios" estaban infundados tramposamente, pues sólo se espetaban a clérigos opositores al régimen, mientras que había líderes religiosos que se esforzaban en demostrar que el racismo del *apartheid* correspondía con la fe cristiana (Márquez, 2014). Por la relevancia de las iglesias en el ámbito social y político de la región, Desmond Tutu estableció su lucha en términos del lenguaje teológico:

> El *apartheid* afirma que somos fundamentalmente irreconciliables, que estamos hechos para la separación, la alienación e incluso la enemistad, cuando la Biblia declara inequívocamente que hemos sido creados para la hermandad, la unión, la solidaridad, la comunidad, la interdependencia [...] el *apartheid* niega una verdad central de la fe cristiana,

que Dios reconcilia en Cristo al mundo consigo mismo (2Cor 5,19), que "Cristo ha roto los muros que nos separaban" (Ef 2,14), que Cristo nos ha reconciliado con Dios y entre nosotros, porque "Él es nuestra paz" (Ef 2,14). (Tutu, 1990, cit. por Márquez, 2014)

Una de las aportaciones más relevantes de Desmond Tutu a la lucha contra el racismo fue la defensa de una teología negra. No significa que apoyaba el establecimiento de una sociedad racializada, donde el poder se volcaba hacia los negros; su intención era construir una teología que comprendiera los principios de la conciencia negra y que considerara las desigualdades que había sufrido esta población, para que sirviera como base de una futura relación de igualdad con los blancos (Cf. Allen, 2021).

Desde su posición como líder religioso de origen negro, Desmond Tutu comprendió que la mejor manera de enfrentar las injusticias del *apartheid* era mediante la no violencia, la inclusión, la cooperación, la interdependencia, la compasión y la complementariedad. Defendió la diversidad étnico-racial y sexual; para él, ni el color de piel, ni el género, ni la orientación sexual eran asunto que pudiera elegirse antes de nacer.

La manera en que Tutu comprendía el combate al racismo y a cualquier forma de discriminación se ilustra en un discurso que pronunció en la sede de Naciones Unidas en Ginebra, 2001:

Para los cristianos, que creen que son creados a imagen de Dios, lo que reflejamos nosotros y la creación entera es la Divinidad, la diversidad en la unidad y la triunidad de Dios. Esta *imago Dei* es también la que dota a cada ser humano —cualquiera que sea nuestra raza, género, educación y estatus social o económico— de infinito valor, haciéndonos preciosos a los ojos de Dios. Ese valor es intrínseco a lo que somos, y no depende de nada externo o extrínseco. Así, no puede haber razas superiores ni inferiores. Todos tenemos el mismo valor, nacemos iguales en dignidad y libres y, por esta razón, merecemos ser respetados, cualesquiera que sean nuestras circunstancias externas. (Tutu, 2001, cit. por Allen, 2021)

Cuando el régimen del *apartheid* fue vencido y Sudáfrica transitó hacia la democracia con las primeras elecciones ganadas por Nelson Mandela en 1994, Tutu continuó velando por el fin del racismo y la discriminación y se pronunció por el perdón sin olvido de los agravios realizados por el *apartheid*.

Es importante señalar el "no olvido" ante las injusticias, pues, aunque el perdón libera a quienes sufrieron, el no olvido recuerda sus acciones a quienes cometieron los agravios y podría evitar que vuelvan a suceder.

Ubuntu, una filosofía africana para vivir en comunidad

Después de la victoria ante el *apartheid*, cuando Nelson Mandela fue elegido presidente de Sudáfrica en las primeras elecciones democráticas universales celebradas en el país, el primer mandatario nombró a Desmond Tutu como encargado de la Comisión para la Verdad y la Reconciliación. El objetivo era encontrar un equilibrio a medio camino entre la justicia y la amnistía, abogando por la reconciliación y el perdón (Cascais, 2021).

Para cumplir la tarea de la reconstrucción social mediante la aplicación de justicia y la reconciliación, Desmond Tutu planteó que se colocara en el centro de las acciones de gobierno la idea del *ubuntu*, un antiguo concepto de la cultura africana que adquirió gran peso ante la deshumanización sufrida por los africanos negros del sur desde la época de la colonización (Willard, 2007: 39).

Ubuntu, en palabras de Desmond Tutu, significa:

> En nuestra Weltanschauung africana, nuestra cosmovisión, tenemos el concepto de *ubuntu*. En xhosa decimos: "Umntu ngumtu ngabantu". Esta expresión es muy difícil de traducir, pero podríamos verterla de este modo: "Una persona es persona a través de otras personas" […] Ubuntu es la esencia del ser humano. Expresa cómo mi humanidad está ligada y unida inseparablemente a la tuya. No dice, como Descartes: "Pienso, luego existo", sino más bien: "Soy porque pertenezco a". Para ser humano tengo necesidad de otros seres humanos. (Tutu, 2001, cit. por Allen, 2021)

El corazón de la filosofía *ubuntu* es la vida en comunidad. Tutu señala que la tradición africana reconoce que la realización de un ser humano sólo puede llevarse a cabo a través de otro ser humano, en sus relaciones. *Ubuntu* es una invitación para establecer relaciones de armonía, compasión y comprensión con los demás, independientemente de su origen étnico-racial, género y orientación sexual. Para el *ubuntu*, todas las personas pertenecemos a una gran familia, por tanto, el bien de la familia representa el bien de cada persona.

Así, mediante las relaciones fundadas en el amor, los seres humanos lograremos la realización personal. También Jesús mencionó algo, cuando habló del segundo mandamiento más importante después de amar a Dios: "amarás a tu prójimo como a ti mismo".

Consideraciones finales: ¿Cómo traer las enseñanzas de Desmond Tutu a nuestra realidad?

Sin duda, la vida de Desmond Tutu es un ejemplo para todos nosotros. No necesitamos viajar a Sudáfrica para reconocer que en nuestro contexto latinoamericano también existe racismo, discriminación y exclusión. Basta salir a la calle y mirar a las personas en situación de migración que diariamente son maltratadas por la policía y excluidas de nuestra vida social porque "son diferentes", porque "no son de aquí".

Basta también mirar la manera en que tratamos a las personas indígenas. Apreciamos la cultura mexicana como un *folklore*, por sus colores, su música, sus artesanías, su diversidad y su gastronomía; pero perpetuamos las injusticias que históricamente han ocurrido hacia ellos, principalmente por su color de piel.

La situación en México nos permite entender que el racismo y la discriminación no se limitan a casos lejanos como Sudáfrica. Diversos estudios académicos investigan la existencia de las desigualdades en la sociedad; por ejemplo, la encuesta Proder 2019 sugiere que, en términos generales, las personas con tonos de piel más claros suelen tener mayores niveles de educación e ingresos más altos (Solís, Avitia y Güemez, 2020).

Otro lugar donde percibimos el racismo y la discriminación es en los medios masivos de comunicación. Cuando observamos los cánones de belleza que pregonan los medios, podemos darnos cuenta de que son los rasgos "europeos" (la piel y ojos claros, el cabello lacio y no negro) los que se consideran como símbolos de belleza y perfección.

Como puede observarse, el racismo y la discriminación son la principal fuente de las desigualdades en el mundo. No se puede entender la pobreza ni la riqueza si no miramos las profundas diferencias sociales generadas por la idea de que existen seres humanos "mejores que otros". Para Tutu, la vida en sociedad sería más armoniosa y justa si en lugar de velar por nosotros mismos, comenzamos a ver en los demás nuestra propia felicidad; si en lugar de vivir en la competencia con los otros, buscamos regresar a la comunidad a través de la solidaridad y la cooperación.

Referencias

Allen, John, *Dios no es cristiano y otras provocaciones*. Bilbao: Desclée de Brouwer (Edición de Kindle), 2012.

Barradas, Andrés Roberto, José Carlos Vázquez, y Miguel Zaldívar, Aproximación a las estructuras de creencias supremacistas contemporáneas. *Ciencias Sociales* 160(II): [en línea], 2018, pp. 153-164, https://bit.ly/2E1GAFe

Bernard Hill, Johnny, *The Theology of Martin Luther King, Jr., and Desmond Mpilo Tutu*. Nueva York: Palgrave Macmillan, 2007.

Cascais, Antonio, Desmond Tutu: una vida de lucha contra el *apartheid*, *DW* [en línea], 2021, https://www.dw.com/es/desmond-tutu-una-vida-de-lucha-contra-el-*apartheid*/g-60261257

Márquez Beunza, Carmen, Desmond Tutu, el testimonio de una teología profética. *Estudios Eclesiásticos* 89(348) [en línea], 2014, pp. 141-171, https://revistas.comillas.edu/index.php/estudios eclesiasticos/article/view/7176/7016.

Pérez Vejo, Tomás, Extranjeros interiores y exteriores: la raza en la construcción nacional mexicana. En *Inmigración y racismo. Contribuciones a la historia de los extranjeros en México*, ed. Pablo Yankelevich. México: El Colegio de México, 2015, pp. 89-124.

Solís, Patricio, Marcela Avitia, y Braulio Güémez, *Tono de piel y desigualdad socioeconómica en México*. México: El Colegio de México [en línea], 2020, https://discriminacion.colmex.mx/wp-content/uploads/2020/07/info1.pdf

Van Dijk, Teun A., Discurso y racismo. *Persona y Sociedad* [en línea], 2001, pp. 191-205, http://www.discursos.org/oldarticles/Discurso y racismo.pdf

Varela, Hilda, Sudáfrica a inicios del siglo xx: la posguerra sudafricana, *Estudios de Asia y África* 44(3) [en línea], 2009, pp. 439–66, https://www.jstor.org/stable/40587854.

Willard Crompton, Samuel, *Modern Peacemakers. Desmond Tutu Fighting Apartheid*. Nueva York: Chelsea House, 2007.

TODO ES TAN REAL, PERO NADA ES NORMAL

*Andrea Mareyli Flores**

Escribir sobre Desmond Mpilo Tutu me lleva a una conexión directa con su libro *Dios no es cristiano*, sobre todo, por su mirada y lucha en temas de la realidad social y por su compromiso con las minorías —las cuales, en mi opinión, mejor deberían ser llamadas *mayorías*—, que sobrepasa las religiones y la mirada de un Dios de misericordia y amor. Por eso he titulado este texto *Todo es tan real, pero nada es normal*; porque ha pasado por mis poros la experiencia de vivir en un país y en una región muy injusta hacia los más vulnerados. Vivimos todo tan real, pero sabemos que no es normal que la justicia sea válida para unos y para otros no; que los derechos sean la garantía para unos y para otros no. Es aquí donde traigo las palabras de Desmond Tutu: "Me gustaría que Él supiera que yo y toda una generación de africanos nos encontramos erguidos y podemos ver más lejos."

La insurrección de las clases, la lucha por los derechos, es decir, la vida libre y plena vivida desde el amor es la que a él le gustaría; la empatía, la compasión es lo que él desearía. Pero lo real es una sociedad marcada por segmentaciones que favorecen a unos y oprimen de manera deshumanizada a otros; una sociedad que está hecha para favorecer a unos sobrepasando la garantía de los derechos humanos. Esa vida no le gustaría a Desmond. Sin embargo, vemos normal la injusticia y la vivimos día a día en nuestros espacios, en nuestras iglesias, en nuestra sociedad. Así, la vida pasa: adoptando y normalizando todo, lo que no es normal.

* Salvadoreña, con 32 años de edad. Educadora Popular y Educadora por la Paz con estudios en psicología. Mis estudios, la vida y las luchas sociales me permiten tener experiencia en trabajo de prevención de violencia contra niñez, jóvenes y mujeres, diálogos y trabajo interreligioso. Defensora de Derechos Humanos.

El Ministerio de Tutu fue asumir su lucha sabiendo provocar en los espacios de poder. Supo que su mirada crítica desafiaba al mundo. Hoy quiero desafiarme y descontruir las miradas de este mundo, donde todo es tan normal. Quiero ponerme los lentes de Tutu para entender por entero el porqué de sus luchas en favor de los vulnerados y las *minorías,* como son llamadas y que realmente deberían denominarse *mayorías.* Las mayorías somos la sangre de la obra, el trabajo y la vida de nuestros países. Somos los que, desde las transformaciones sociales, renunciamos a idealizar mundos perfectos, pero pugnamos por países justos, por espacios seguros. Buscamos deconstruir miradas para acercarnos a la vida y obra de Dios, a su mirada de amor, justicia y libertad.

En este mundo de caos que reina fuera, quieren diseñarnos, impedirnos saber que, día a día, podemos ver más allá de nuestra cómoda estabilidad. Mas el caos es renacer y reajustar nuevas formas de vida, donde entramos todos.

El ser humano es un libro de páginas blancas donde podemos escribir, construir, destruir, borrar lo que queremos ser. Las *mayorías* no queremos quedarnos con la historia que muchas veces nos han relatado. Podemos *escribirnos* y dar el paso para cuestionar el mundo que no es tan normal, aunque casi siempre lo vemos así; lo hemos acomodado a la normalidad, volviéndolo prácticas y discursos que dañan a la integridad y la humanidad.

Desmond Tutu destacó que, cuando nos acomodamos y no nos movemos de nuestra zona de confort, incurrimos en situaciones claramente injustas. "Si eres neutral en situaciones de injusticia —decía—, has elegido el lado del opresor". Por ello, debemos encontrar la sensibilidad que me da el ser consciente de nuestro contexto, para centrar nuestras energías y enfrentar lo que es normal. Porque podremos despertar al amor, al respeto, a la conciencia, al agradecimiento, a hacer lo que me corresponde desde el lugar donde he elegido ser y estar.

Debemos pensar desde la creatividad, ya que desde aquí nace la necesidad de cambio y de un movimiento para crear cosas y concepciones nuevas desde el movimiento de la vida. Porque la vida es la película que muestra versiones diferentes desde las miradas y contexto donde cada uno está; aquí es donde nos corresponde actuar, acompañar, crear.

Desmond Tutu se reconocía por hablar alto y claro; incluso cuando era objeto de una oposición violenta y de críticas contra la opresión y la injusticia política, el fundamentalismo religioso y la persecución de las minorías. Puedo sentir su voz hablando ante la realidad de niños y niñas que duermen en las calles, que tienen que pasar por un camino lleno de inseguridades para llegar hacia a los que muchos llaman *sueño*. Desmond también alzó la voz al saber de mujeres oprimidas y violentadas; muchos somos cómplices, incluso los que hacemos fe, vida comunitaria, desde los que educamos y damos amor porque simple y sencillamente así lo aprendimos: También confío que Desmond —entre otros— alzaría la voz en esos casos de venta y trata de personas, de comercialización y sexualización de la mujer y niñas. Todo eso que vemos real, pero no es normal.

En este mundo de sufrimiento y conflicto, donde las leyes humanas a menudo chocan con la ley de Dios, los mensajes esperanzados e intemporales de Tutu se hacen más necesarios y vigorosos cada año y hoy más son que nunca son necesarios.

La mirada de Tutu hizo vida el evangelio y sobrepasó no sólo las paredes y las bancas, sino también estatus, religiones; cruzó fronteras, amando y respetando, estando y actuando. Cuando hablamos de *actuar*, nos referimos a cruzar la delgada línea del discurso para pasar a la práctica; pasar de lo dicho por mis labios a lo que sale de mi corazón. Entender la necesidad de cruzar esa línea es el secreto del respeto a la integridad, a la libertad, a la fiabilidad. Se trata de un aprendizaje constante, no una fórmula o una píldora mágica que cura y sana. Es algo que día a día se mueve, se siente, se experimenta, se reflexiona; pasa por el cuerpo, por la vida y se vuelve parte de mi práctica de ser humano. Tutu lo hace, por ejemplo, al declarar: "No estoy interesado en recoger las migajas de compasión lanzadas desde la mesa de alguien que se considera a sí mismo mi señor. Quiero el menú completo de los derechos".

Tampoco se trata de hacer algo que no siento sólo por hacerlo o por un compromiso que luego se volverá fallido, porque la convicción de cambio no parte del entender a la humanidad, sino más bien de la manera de las diferentes posibilidades. Este ejercicio tiene diferentes finalidades, aunque a veces no son las del compromiso requerido. Cuando la convicción o cambio vienen generados desde la humanidad, los aportes no se vuelven una migaja, sino más bien un banquete que puede ser desde la justicia, integridad, ética, solidaridad, responsabilidad.

Al revisar y tratar de entender la filosofía de vida y obra de Desmond, guardo en mi corazón lo que dijo: "Una vida de plenitud no depende de lo que experimentamos. La plenitud depende de cómo interpretamos estas experiencias en nuestras vidas". Mi plenitud depende, entonces, de cómo interpreto estas realidades y cómo asumo mi realidad, más allá de la existencia de verlo todo tan normal; asumo mi grado de responsabilidad, pues me lleva a generar espacios que son luz y camino para otros.

Aún sueño con un mundo de esperanza, con un país lleno de derechos y caminos convertidos en posibilidades y luz; para tener la capacidad de elegir y construir la paz; para comprometerme a asumir desde mi libertad, no desde la represión, sino desde un acto de amor; para tener la fuerza de sostener la vida.

Históricamente, esta tierra, este universo está lleno de fuerzas que mueven nuestros corazones; tal es el caso de Tutu, quien marcó la historia por sus enseñanzas, por sus lecciones de vida, por su legado. Si personas como él han sido tocadas desde la justicia, me pregunto por qué yo no he de lograr el equilibrio en mí, en una revisión constante de mi existir, desde mi historia; observándome desde lo micro a lo macro, lo pienso. Reflexiono esto como la enseñanza que nos da la naturaleza, nuestra madre tierra, que nos enseña actuar por amor. ¡Qué gesto más profundo del amor al dar continuamente! Y ello a pesar de los tantos daños que los humanos les hemos hecho.

Si vivimos como víctimas, nos volvemos peligrosos. Porque la reivindicación parte de mí; ser víctima es un proceso de justicia singular y plural, que podemos trasformar. Debemos transformarnos y ayudar a otros a transformarse desde la libertad; a esos otros que son víctimas de sí mismos, de sus familias, de una sociedad, de un país, de un estado. Debemos *liberar desde el amor*.

Afirma Tutu: "El lenguaje es muy poderoso [...] no sólo describe la realidad, el lenguaje crea la realidad que describe". Del mismo modo, lo que sale de nuestra boca también lo produce nuestro corazón. Podemos decir y hacer mucho desde el *lenguaje del amor*, empezar por las palabras que producimos y pensamos para nosotros mismos, para nuestro entorno; el amor que nos manifestamos y nos hace vivir. De aquí deriva lo que dentro de mí hay para el otro y la otra. Utilicemos más el lenguaje del amor y hagamos vida que el lenguaje crea lo que describe, la realidad. Empecemos por pensar un mundo diferente, como Tutu lo pensó. Por eso estoy convencida de que, desde su realidad, otros nos inspiran a creer, crear y amar. De ahí la importancia de no quedarnos en lenguaje, en la inspiración; la palabra, las emociones y sentires pueden desafiar a la realidad.

Hablar del lenguaje del amor no sólo se refiere al amor de pareja; más bien, alude a la inmensidad del concepto *amor*. Aquí es donde reflexiono si puedo hablar con el lenguaje del amor para todas las posibilidades de amar, para la vida misma y todo lo que crea y existe. Aquí es donde pienso en amar desde mi lenguaje en la enseñanza y el aporte que hago para mí misma, mi familia y mi entorno, en general. El lenguaje que creo es como el reflejo de un espejo: lo que trasporto y porto en mi alma es lo que comunico en el mensaje y en la presentación para los que me escuchan.

Si, desde mi lenguaje, las palabras son amor, es la transmisión más grande de que puedo y creo en un mundo diferente con tratos diferentes, tal como nos mostró —y ahora inspira— Tutu. Así de trasparente, así de natural como lo manifestó en cada uno de sus discursos y frases que ahora se vuelven vida y enseñanza.

Es nuestro deber visibilizar al oprimido, retar al opresor a ver y pensar mas allá de sus privilegios, convocar a amar y accionar, provocar a ver que dentro de lo real pasa algo que no es normal. Mostrar esa parte sensible de Tutu mediante su historia ayuda a hacer comunidad desde estos puntos que estimo importantes para crear y creer en espacios y comunidades diferentes.

1. Buscar la forma de orientar a la comunidad, al pueblo. Reflexionar sobre el mensaje que estoy transmitiendo para hacer y crear conciencia personal y colectiva.
2. Ayudar a crear redes de apoyo personal, colectivos y comunitarios; asimismo, crear vínculos y abrir puertas para el desarrollo.
3. No confrontar en los espacios que creamos, y crear el diálogo para sustentar cambios y pasos importantes que generan procesos singulares y colectivos.
4. Reflexionar en los deberes que tengo como persona; cumplirlos y reflejarlos desde la humanidad, con una mirada desde el centro para todos los procesos, como una espiral avanza desde el centro hacia afuera.

Hay que educar, acompañar y sobre todo *amar* es la enseñanza más grande que Tutu comparte. Debemos reflexionar sobre que no todo es tan normal; desafiémonos y demos pasos firmes por la vida mediante el *amor*, reconozcamos que las palabras crean nuestra realidad. Recuerdo cuando mi abuelita me decía: "Si estás enferma, di que estás sana, ya que las palabras crean la realidad; verás como tu cuerpo lentamente da fuerzas a tus palabras y estarás mejor de lo que esperas". Y así lo era realmente.

Lo que manifiesto de mí, lo que sale de mi boca, de mis ojos, de mi alma hacia los demás, son los mejores espacios para conectar y crear conexiones que pueden llegar a cambiar el mundo. Como lo hizo Tutu.

UBUNTU QUE ACONTECE: REFLEXIÓN TEOLÓGICA DESDE LA HUMANIDAD CRUCIFICADA[1]

*Samuel Efraín Murillo Torres**

Celebro el llamado de IMDOSOC para elaborar el presente volumen colectivo, en el cual se explora el *ver*, el *juzgar* y el *actuar* respecto de los principios de vida y experiencia del padre espiritual de Sudáfrica en nuestra era, de un profeta con grandes enseñanzas para nuestro tiempo: Desmond Tutu, quien no desistió en proclamar los derechos universales basados en el bien común para toda la humanidad.

En la construcción metodológica de este capítulo, se busca abordar las dimensiones de realidad planteadas por Ignacio Ellacuría y Jon Sobrino, y que se describen a continuación:

> "Hacerse cargo de la realidad" (dimensión *intelectiva*), de origen zubiriano, a lo cual añadió el "cargar con la realidad" (dimensión *ética*) y el "encargarse de la realidad" (dimensión práxica). Por mi parte, he añadido —más por experiencia e intuición que por reflexión teórica— una cuarta dimensión: "dejarse cargar por la realidad" (dimensión de *gracia*) (Sobrino, 2007: 18.)

---

[1] Con dolor e impotencia, dedico la posibilidad teológica y hermenéutica del presente capítulo a Verónica Rosas, madre de Diego Maximiliano Rosas Valenzuela, quien fue desaparecido en el Estado de México en 2015, y a Fabiola Pensado, madre de Argenis Yosimar Pensado Barrera, quien fue desaparecido en Veracruz en 2014. Vero y Fabi, entre muchas otras madres y compañeras, me han mostrado con amor y ternura los sentidos del evangelio para con la sociedad mexicana en el porvenir.

* Clérigo en la Iglesia Metodista de México y oficial en el Concilio Mundial Metodista. Doctorando en Teología Sistemática en el King's College de la Universidad de Aberdeen, Reino Unido. Asistente de cátedra en la Universidad de Aberdeen, profesor visitante en la Comunidad Teológica de México y la Universidad Madero. Parte de los procesos del Eje de Iglesias y Comunidades de Fe de la Brigada Nacional de Búsqueda de Personas Desaparecidas en México.

La vida de Desmond Tutu expone la correlación constante planteada en la metodología por Ellacuría y Sobrino, proceso que nos permite exponer desde dimensiones históricas las dinámicas que impactaron de forma directa a Tutu en su formación y reflexión teológica, ética y práctica en la consolidación del *Ubuntu,* que acontece como realidad ontológica en la construcción de la paz.

A lo largo de esta reflexión histórica basada en el *hacerse cargo, cargar, encargarse* y *dejarse cargar* por la realidad, se exploran algunos aspectos biográficos de Desmond Tutu, enfatizando *1)* la vital importancia de la colaboración sur-sur, *2)* la relevancia de la coherencia en nuestros fundamentos y prácticas teológicas: *confesión-oración-acción*; por último, en la búsqueda de despojarnos del romanticismo tan superficial con el que en ocasiones nombramos figuras teológicas libertadoras, *3)* explorar la recepción radical de los imperativos teológicos para los retos del presente en América Latina, que tienen un impacto directo con la laicidad, gobernanza, democracia, justicia, reconciliación y fe.

Hacerse cargo de la realidad

La dimensión *intelectiva* es la más ignorada en la vida de quienes se convierten en referentes en la vida pública de nuestras sociedades. Sucede particularmente en dos dimensiones: *1)* la omisión histórica de elementos biográficos relevantes en el contexto y formación de la persona en cuestión y, *2)* como consecuencia de lo anterior, la tendencia a romantizar y asumir de formas superficiales la recepción de su pensamiento y experiencia. Para explorar dicho planteamiento, es fundamental abordar los factores contextuales e históricos en los que Desmond Tutu se hace cargo de la realidad de su tiempo.

A inicios de los setenta, Desmond Tutu solicita una posición laboral en el *Theological Education Fund* (TEF), Reino Unido; para su sorpresa, dicho programa le ofrece la codirección continental para África. El TEF surge como parte de los ejes programáticos del Consejo Mundial de Iglesias (CMI), que hoy existe como la Comisión de Educación Teológica.[2] Por ese tiempo, algunos personajes se encontraban ya en Ginebra —por el exilio político— como parte del *staff* del CMI:

- Emilio Castro dirigía la Comisión Mundial de Misiones; años después fue secretario general (metodista de Uruguay) (Quintero y Sintado, 2007).
- Philip Potter inició como coordinador ejecutivo juvenil; después fue secretario general (metodista del Caribe) (Fröchtling y Werner, 2013).
- Paulo Freire estaba como consultor en los programas de Educación (católico de Brasil).
- Julio de Santana aportaba en la enseñanza sobre justicia y pobreza en el Instituto Ecuménico de Bossey del CMI (metodista de Uruguay).
- Aharón Sapsezián (Iglesia Reformada Armenia de Brasil), con su aporte intercultural, fue codirector para América Latina en el TEF.

Desmond Tutu reconoce el fuerte impacto que tuvo Sapsezián con posturas firmes y radicales desde la teología de la liberación de la siguiente forma:

> Estuve expuesto por primera vez a la euforia y el desafío de la teología de la liberación de América Latina y la teología negra de EE.UU. Sí, la contextualización parecía un término de jerga, pero básicamente nos llamaba a tomar en serio la especificidad, el escándalo de la Encarnación. Dios se hizo un ser humano particular en un contexto específico, lidiando con las perplejidades, los desafíos y las demandas de ese contexto. Una teología auténtica tenía que ser igualmente específica. No podría haber una teología universal, ni definitiva, sino aquella que se gloriaba en su obsolescencia inherente e intrínseca porque era verdadera sólo si buscaba responder las preguntas y perplejidades de una

---

[2] El *Theological Education Fund* sigue siendo una comisión de Educación Teológica en el Consejo Mundial de Iglesias. Para más información, consultar: https://www.oikoumene.org/what-we-do/ecumenical-theological-education-ete

comunidad particular, específica, en un contexto particular y específico (Ortega, Tutu y Schreiter, 2010: XXII).

Esa exposición ecuménica, intercultural e interseccional, con quienes se debatían por principios teológicos de congruencia desde los límites de la existencia humana y experimentaban el exilio ante la barbarie del Cono Sur y el Sur de África, formó los siguientes 30 años de la vida del CMI. Así se afirmaron con solidez las tres décadas del controversial programa de Lucha Contra el Racismo que aporta a la liberación de Sudáfrica en los años posteriores y presiona para la aprobación de la actual ley internacional con respecto al *apartheid* como crimen de lesa humanidad.

Es relevante el impacto de la colaboración sur-sur para responder a los sinsentidos y compulsiones epistemológicas que el norte plantea, para sólo así proveer de aportes multilaterales sur-norte. Las reacciones no tardaron y la incongruencia religiosa basada en las violencias y la barbarie se reveló en público cuando se concreta la *autodeserción* de iglesias holandesas y alemanas del movimiento ecuménico y el retiro de sus membresías del CMI, en sintonía con la esfera política que votó en contra de catalogar al *apartheid* como crimen de lesa humanidad (Convention on the Suppression and Punishment of the Crime of Apartheid, 1973). Desmond Tutu relata de la siguiente forma los fundamentos *intelectivos* de dicho tiempo:

> Puedo decir sin temor a equivocarme que mi paso por el TEF me dio la mejor preparación posible para mi trabajo en Sudáfrica mientras luchábamos contra la crueldad del *apartheid*. Doy gracias a Dios a mis colegas del TEF, al TEF comité y a mi W.C.C. [...] por todo lo que aportaron para formarme y prepararme para ese ministerio. Oro para que la empresa de educación teológica se fortalezca cada vez más mientras prepara a los candidatos ministeriales para enfrentar los desafíos contemporáneos urgentes como el VIH/SIDA, la pobreza, la corrupción en las altas esferas, la injusticia, la opresión y el conflicto perenne. (Ortega, Tutu y Schreiter, 2010: XXII)

Para hacerse cargo de la realidad desde una dimensión *intelectiva* tomando en cuenta la contextualización *hic et nunc*, hay que nombrar desde América Latina las dificultades del lastre histórico que nos ha dejado el otro *Cristo español* (Mackay, 1952) y el impacto tan violento del otro *Cristo Gringo* en nuestro tiempo, que Boaventura describe como fiel en formas sistémicas al *patriarcado, colonialismo y las vidas como mercado (capital)* (De Sousa, 2021:7). De dicha comprensión, podemos explorar la realidad de que sólo siendo ateos de las violencias religiosas tan sistémicas podemos tener como punto de partida el *intellectus amoris* antes que el *intellectus fidei* (Sobrino, 2007:18);[3] es el constante discernimiento de la visión del mundo del *enemigo íntimo* que nombra Nandy:

> Una visión del mundo que cree en la superioridad absoluta de lo humano sobre lo no humano y lo subhumano, de lo masculino sobre lo femenino, del adulto sobre el niño, de lo histórico sobre lo ahistórico y de lo moderno o progresivo sobre lo tradicional o lo salvaje [...] visión del mundo totalmente homogeneizado, tecnológicamente controlado y absolutamente jerarquizado, definido por polaridades como las de lo moderno y lo primitivo, lo secular y lo no-secular, lo científico y lo acientífico, lo experto y lo profano, lo normal y lo anormal, lo desarrollado y lo subdesarrollado, la vanguardia y los dirigidos, los liberados y los salvables [...] Este colonialismo coloniza mentes además de cuerpos y libera fuerzas dentro de las sociedades colonizadas para alterar sus prioridades culturales para siempre. (Nandy, 2021: 28-30)

Éste fue el punto de partida histórico en la reflexión y el discernimiento de Desmond Tutu al inicio de los setenta; personas, preguntas y plataformas que atestiguaron el contraste entre un Tutu mesurado en su paso por Londres, ya que no quería quemar sus canales de comunicación

---

[3] Énfasis como punto de partida al hacerse cargo de la realidad.

que forzaran su exilio fuera de Sudáfrica, y un Tutu que vuelve a Sudáfrica para asumir una voz pública desde la escucha, el sufrimiento y el dolor.

Cargar con la realidad

Desmond Tutu regresó de Sudáfrica, con la plataforma de sus relaciones internacionales, inicialmente como decano, luego como obispo y en un corto periodo de tiempo, como el primer arzobispo primado anglicano en la provincia de raza negra. Ante el encuentro directo con el sufrimiento de las mayorías y la barbarie, se compromete con una respuesta más radical en busca de arrastrar las bisagras del carro de la historia, no como una historia cerrada desde los poderosos y vencedores, sino en línea con Benjamin, Levinas, Ellacuría, Sobrino y Bonhoeffer: ¿Cómo explorar una ética que permita a las mayorías afirmar la redención desde sus historias?

Bonhoeffer plantea que el problema de los imperativos o modelos éticos responden incorrectamente a la complejidad humana, por lo que caen en la generalización, la polarización, los dualismos; y concluye afirmando lo que ya Ellacuría nombraba cómo las respuestas incorrectas desde la *civilización del capital*:

> "Tiene una mala solución" —lo cual es peor que no tener solución, como es el caso en el Tercer Mundo—. Y generalizando, dijo que los países de abundancia "no tienen esperanza" —la cual sí existe en el Tercer Mundo—, sino que "lo único que realmente tienen es miedo" […] la conclusión de Ellacuría es lapidaria: esa civilización sufre un fracaso humanista y moral. (Sobrino, 2007: 29)

Desde hace más de tres décadas, desde el diálogo sur-sur, se insiste en la imposibilidad de que toda la humanidad viva bajo las lógicas del desarrollo y el progreso. Las necropolíticas de la *civilización del capital,* que entonces crucificaban a los pueblos del sur, hoy han sido alcanzadas por la historia que rueda sobre las mayorías de forma violenta. Después de un extenso letargo y anestesia social, 2022 despierta en algunos el grito de dolor de quienes se atreven a hermanarse en la realidad, no de un pueblo, sino de una humanidad y una creación que está siendo crucificada.

> Con esto se encuentra Desmond Tutu: la violenta experiencia del *homo sacer* de Agamben,[4] una humanidad que permanentemente vive en estado de excepción, donde el *Automaten* de Benjamin gana todas las partidas de ajedrez.[5] La respuesta definitiva desde las deficiencias teóricas en las generalizaciones éticas, se encuentra, pues, en la memoria: La memoria permite mantener viva y vigente la injusticia pasada hasta el punto de que sin esa recordación el pasado deja de ser y la injusticia se disuelve. Ese poder de la memoria —y esa precariedad de la ética— es de tal magnitud que tal debería ser, añade, "el interrogante de la filosofía" […] la recordación puede abrir expedientes que el derecho da por archivado. Sólo la teología puede permitirse la osadía de decir que para esos casos hay justicia. (Mate, 2006: 26)

Es transcendental la afirmación de Benjamin respecto de las osadías de los sinsentidos teológicos; sin embargo, dicha osadía es posible únicamente en la experiencia contrastante de la *memoria kairológica*, en contraste con la *memoria cronológica*. La primera se revela en el antiguo

---

[4] La obra completa de Giorgio Agamben puede consultarse en Agamben (2017).

[5] Resulta relevante un estudio a profundidad de las Tesis de Walter Benjamin sobre el concepto de Historia. La Tesis I expresa la relevancia del "materialismo histórico" en su encuentro teológico como respuesta a las ideologías del progreso y desarrollo: "Sabido es que debe de haber existido un autómata construido de tal suerte que era capaz de replicar a cada movimiento de un ajedrecista con una jugada contraria que le daba el triunfo en la partida. Un muñeco, trajeado a la turca y con una pipa de narguile en la boca, se sentaba ante el tablero, colocado sobre una mesa espaciosa. Gracias a un sistema de espejos se creaba la ilusión de que la mesa era transparente por todos los costados. La verdad era que dentro se escondía, sentado, un enano jorobado que era un maestro del ajedrez y que guiaba con unos hilos la mano del muñeco. Una réplica de este artilugio cabe imaginarse en filosofía. Tendrá que aganar siempre el muñeco que llamamos 'materialismo histórico'. Puede desafiar sin problemas a cualquiera siempre y cuando tome a su servicio a la teología que, como hoy sabemos, es enana y fea, y no está, por lo demás, como para dejarse ver por nadie." (Benjamin, en Jennings y Eiland, 2006: 389). Consultar también Mate (2006: 49-65).

relato escritural que cuestiona ¿Dónde está tu hermano? (Gén 4,3-16); la del evangelio, cuando afirma tajante: ¡Apártate de mí porque te olvidaste de la otredad! (Mto 25, 35-46). En un sentido ontológico, la deuda en las limitaciones del *Dasein* de Heidegger, la memoria como posibilidad política no ve sólo por las personas vivas, sino también por las desaparecidas y las muertas.[7] De forma concreta, en México la memoria *kairológica* humaniza, que, aunque las ciencias forenses lleguen a sus límites en sus posibilidades técnicas, finitas y humanas al almacenar como archivos más de 50 000 evidencias genéticas de restos humanos, se atreve a designar por nombre a los hallazgos positivos de las familias como *personas amadas*, o bien, el designar por nombre a las desapariciones mal llamadas *de larga data* cuando el Estado ha borrado del sistema la existencia civil de la persona amada. Las familias responden con el poder del Evangelio: "¡Presentes, ahora y siempre!, ¿Por qué los buscamos? ¡Los buscamos porque los amamos!"

---

[6] "Ya al proponer el carácter desideologizante y desencubridor de la realidad encubierta que debe tener la filosofía, reclamaba a Heidegger que 'quizás en vez de preguntarse por qué hay más bien ente que nada, debería haberse preguntado por qué hay nada —no ser, no realidad, no verdad, etc.— en vez de ente.' Y 'el pueblo crucificado' no expresa una negatividad cualquiera, sino especifica […] Con esas palabras, Ellacuría quiere nombrar a inmensas mayorías. De ahí el lenguaje de 'pueblo', 'pueblos', etc., que está transido de muerte, y no de una muerte natural, sino de una muerte histórica, que toma la forma de crucifixión, asesinato, activa privación, histórica de la vida, lenta o rápidamente. A esa muerte, producto de la injusticia, acompaña la crueldad, el desprecio y, por otra parte, el encubrimiento. A esto, suelo añadir que, al pueblo crucificado, además, se le niega palabra y hasta nombre, y con ello se le niega existencia. El pueblo crucificado no 'es', y el mundo de abundancia impide o dificulta que 'llegue a ser.' Así, puede desentenderse —sin mala conciencia— de lo que ocurre a esas mayorías." (Sobrino, 2007: 20-21).

[7] "Ahí distingue [Benjamin] un orden profano, que es el orden de la felicidad de los vivos, y un orden mesiánico, que también tiene en cuenta la felicidad de los muertos. Ambos órdenes están representados por flechas que se mueven en paralelo, pero en sentido opuesto: una tiende a la felicidad y la otra a la redención. Lo que es importante en esta composición es la idea de que el orden de la redención (el destino de la felicidad de los fracasados) es fundamental para la felicidad de los vivos (orden profano) […] Si los muertos no importan, entonces la felicidad no es cosa del hombre, sino del superviviente. Si importa la vida de todos, entonces relacionaremos la vida frustrada de los muertos con los intereses de los vivos, negándonos a seguir un proyecto que supusiera el desprecio de los caídos. Cuando damos el paso de olvidar la muerte, perpetramos un crimen hermenéutico que se suma al crimen físico." Mate, 2006: 26-27.

Una vez electo arzobispo en Sudáfrica, Tutu preside el Consejo de Iglesias de Sudáfrica y, durante el proceso de transición democrática, donde se vislumbra un antes y un después, es comisionado por Nelson Mandela para presidir la Comisión de la Verdad. En ese momento, se encuentra con el imperativo ético que sólo puede abordarse desde la memoria, desde donde Tutu escribe sobre las posibilidades de perdón y reconciliación. La transición como procesos de la *ética* a la *praxis*, de *cargar* a *encargarse* de la realidad, reside en la máxima de las preguntas teológicas y pastorales que nos arroja hasta los límites de nuestra existencia en la tensión del encuentro con la otredad: ¿Cómo podemos decir al prójimo que es amado por la Divinidad?[8]

Encargarse de la Realidad

Ellacuría propone la *civilización de la pobreza* como imperativo que responde al pueblo y también a la humanidad que está siendo crucificada, como posibilidad de *praxis* en la realidad que se reconoce y se asume. Éste es el peregrinar vocacional del *flâneur* o el *Lumpensammler* (trapero) de Benjamin,[9] quien, a pesar de ser excluido y marginalizado hasta

---

[8] Pregunta de Gustavo Gutiérrez recordada por la comunidad de jesuitas en la UCA: "Junto al pueblo crucificado, ahora de otras formas, la Iglesia encontrará luz y salvación. Encontrará su lugar de conversión, dejará de ser mundana y podrá hacerse mundanal y salvadoreña. Encontrará su tarea fundamental, la de 'bajar de la cruz al pueblo crucificado'. Recibirá el perdón —que todos necesitamos— de ese mismo pueblo sufriente. Aprenderá la más difícil de las lecciones: 'cómo decir a los pobres que Dios los ama,' como se pregunta Gustavo Gutiérrez. Y, contra todos los cálculos mundanos, recobrará esperanza, podrá comunicarla a los demás y lo hará con credibilidad" (Sobrino, 2004: 72).

[9] Sobre el *flâneur*: "No es el interés sociológico lo que anima esta atención a esas figuras desgraciadas, sino su alto valor hermenéutico. Con ellas construye Benjamin unas 'imágenes dialécticas' que desvelan su peculiar modo de conocer la historia. Se refiere a lo siguiente. El *flâneur* es un paseante que puebla las grandes ciudades europeas del siglo XIX en las que ha irrumpido la técnica. A los *flâneurs* se los podía ver en París paseando una tortuga mientras miraban escaparates en los modernos pasajes construidos con hierro y vidrio. Miraban desmayadamente porque tenían tiempo y les faltaba dinero. Miraban, pero no compraban." En Reyes Mate. *Medianoche en la Historia*. (Madrid: Trotta, 2006), 31-32. Sobre el trapero: "El especialista formado en su escuela será un trapero y como tal no irá por ahí coleccionando

el exterminio, ya que toda alteridad u otredad ha desaparecido de nuestros espacios comunes, se atreve a partir desde el fracaso asumiendo la realidad, como quien busca "desentrañar la naturaleza de esta técnica que ha acabado con todos los sueños" (Mate, 2006:38). De aquí es que el *Ubuntu* acontece y en Tutu es la centralidad de su praxis teológica; es el propio acontecimiento que revela el #BuscandoNosEncontramos de las colectividades de familiares en búsqueda de personas desaparecidas hoy en México.

Tal es la realidad de una teología profana, posibilidad única de encontrar congruencia desde la *confesión-oración-acción* donde, por una parte, lo profano permite flexibilidad y libertad en la *praxis*, y, por otra parte, la articulación sincera de las creencias y espiritualidades diversas afirman las dinámicas comunitarias en esa misma flexibilidad y libertad. Es la posibilidad del cristianismo sin religión en el que reflexiona Bonhoeffer desde el cautiverio. Es el clamor por el consuelo y la caricia como posibilidad corpórea del tiempo y la memoria, no como mito o utopía futura, sino en el aquí y el ahora.

Desmond Tutu emprende, entonces, el camino de la escucha como centralidad en la *praxis*, arrastrando el engranaje de la historia ante la inminente posibilidad de vivir y estar, para entonces dar testimonio íntimo del amor del Dios encarnando al prójimo. El *Ubuntu* que acontece como posibilidad comunitaria se caracteriza por el *martirio-ontológico*, dinámica que revela a la comunidad de creyen-

preciosos fragmentos, sino recogiendo desechos […] Cualquier intento de construir una obra acabada, cerrando los ojos a la realidad de los desechos, será falsa. Por eso la imagen del constructor moderno no es el arquitecto en un despacho desde el que pretende conformar la realidad a capricho, sino el trapero con su hatillo al hombro, doblado con el peso de la recogida como si fuera el peso de la historia. El trapero, dice Benjamin, 'es la figura más provocadora de la miseria humana. Es *lumpenproletariado* en un doble sentido: va vestido de andrajos y vive de ellos' (GS V/1, 441). Visten como lo que son. Pero además su vida está dedicada a lo que la sociedad ha desechado y puesto fuera de la circulación. Lo que le fascina del trapero es que salve los desechos, pero no para reciclarlos y volver otra vez a la fatalidad del consumo, sino para despertarlos a una nueva vida, como hacían los surrealistas con esos mismos materiales. Benjamin piensa que el antídoto contra la miseria está en los pobres. Sólo el excluido puede imaginar un sistema sin exclusiones. Así ve él al intelectual" (Mate, 2006: 33).

tes al mundo que pretende afirmar vida eterna finita a costa de los demás, desde el individualismo y la acumulación como totalidad. El *Ubuntu* es la comunidad del pentecostés en el porvenir que Byung Chul-Han plantea, la posibilidad de sociedades que, en lugar de estar desquiciadas, aturdidas y cansadas unas de otras, afirman caminar juntas reconociendo, abrazando y acuerpando su mutuo cansancio y desesperanza, una sociedad del cansancio como única esperanza futura (Chul-Han, 2015: 34).

Volvamos al *Ubuntu* que acontecía en Sudáfrica, y a tratar de clarificar de forma breve a lo que me refiero con martirio ontológico. Lo que caracteriza la *praxis* de quienes afirman hacerse cargo de la realidad desde las posibilidades que arroja el *Ubuntu* es la continua negación de las posibilidades individuales de existencia, es el reviro de Levinas a Heidegger cuando hace referencia a hacernos responsables de la vida o incluso de la muerte de la otredad (Levinas, 2001: 6). Dicha realidad ontológica permite ir más allá de la posibilidad de un martirio físico, es decir, no delimitado al deceso del ser en su cuerpo terrenal, sino que se permite residir en el martirio como la inminente realidad existencial al vivir en los procesos de la comunidad que acontece en todas sus dimensiones.

Vemos el acontecimiento del *Ubuntu* en los relatos de Ivan Abrahams, obispo metodista que formó parte del proceso de resistencia y transición en Sudáfrica, cuando cada noche, junto con su familia, cubría las ventanas de su casa con madera y muebles, ante la posibilidad de que alguna bomba fuera arrojada al interior. El mismo acontecimiento se revela en la composición litúrgica en tango del Obispo Federico Pagura en Argentina, quien compone el himno "Tenemos esperanza" como respuesta contundente a la dictadura, después de haber detonado explosivos en su casa y parroquia, como consecuencia de caminar con y escuchar al pueblo perseguido que sufre. Tutu, Ellacuría, Romero, Sobrino, Abrahams, Pagura, y las madres hoy en México, comprenden muy bien la *praxis* que parte del *martirio-ontológico* en la comunidad que acontece. Bonhoeffer expresa de la siguiente forma la humillación constante de la comunidad:

No puede aspirar a ninguna confirmación visible de su camino, ya que el Humillado renuncia a ella en todos sus estadios. Pero, como Iglesia humillada, tampoco puede mirarse a sí misma, con fatuo narcicismo, como si su humillación fuera una prueba indudable de que Cristo está presente en ella. La humillación no constituye ninguna prueba a la cual podamos remitirnos […] Cristo es enemigo de los soberbios, tanto si se cubren con manto de purpura como si lo hacen con corona de mártires. La iglesia mira siempre y únicamente al Cristo humillado, tanto si ella es humillada como si es ensalzada […] No es bueno que la Iglesia se vanaglorie prematuramente de su humillación. Tampoco es bueno que se precie prematuramente de su poder y de su influencia. Lo único bueno es que reconozca humildemente sus pecados, se los haga perdonar y los confiese a su Señor. Cada día ha de recibir nuevamente de Cristo la voluntad de Dios. Y la recibe por la presencia del Encarnado, del Humillado y del Ensalzado. Cada día este Cristo será nuevamente un escándalo para sus propias esperanzas y sus propios anhelos. Cada día tropezará ella de nuevo con aquellas palabras: "Todos vosotros os escandalizareis de mí" (Mt 26, 31). Y cada día se acogerá de nuevo la promesa: "Bienaventurado aquel que no se escandalizare de mí" (Mt 11,6). (Bonhoeffer, 2016: 77)

Las vocaciones teológicas o pastorales que emanan de la comunidad que acontece en la humillación y desde el dolor, ante los sinsentidos de las necropolíticas de nuestro tiempo, asumen con responsabilidad la existencia desde la desesperanza. No hay nada contradictorio desde la fe; es el grito del fracaso y dolor desde la cruz como punto de partida para una praxis cristiana que se comprometa de forma genuina con sus retos y realidades desde la creencia que humaniza. Es aquí donde la mayoría de nosotros —sacerdotes, pastoras, religiosas, teólogas y académicas— encontramos los límites naturales de nuestros alcances. Es aquí donde vemos fuera de los límites comunes e institucionales a las madres mexicanas ejercer y asumir esas vocaciones diaconales, sacerdotales, y episcopales, a pesar de las resistencias institucionales de nuestras denominaciones y asociaciones religiosas a reconocerlas.

Encargarse de la realidad como praxis se caracteriza por la escucha que nos permite asumir la realidad desde las entrañas de las necropolíticas de nuestro tiempo. Donde se vive, se siente y se huele a la muerte desde la profundidad de nuestro ser, nos expone a los límites humanos naturales en nuestra propia existencia, teniendo como referencia la posibilidad de un Cristo resucitado que en verdad ha pasado por la cruz, que implica la descomposición de su cuerpo y su carne, el relato de la incredulidad de Tomás donde aún se percibe la descomposición del cuerpo humano de aquel a quien aun la muerte no le pudo contener. La realidad nos permite permanecer ahí, entre la resurrección y la ascensión, sin necesidad de apresurarnos a las glorias y las aleluyas sin sentido, sino encontrar los sentidos en la gracia que se encuentra en el lamento, el llanto, el dolor y el sufrimiento. Eso sucede cuando nos permitimos humanizarnos al dejarnos cargar por la realidad.

Dejarse cargar por la realidad

Bonhoeffer es un referente teológico al insistir con respecto a la realidad última y por ella asumirnos constantemente en nuestra realidad penúltima, el *Dasein* que se sabe orientado hacia la muerte, pero no hacia la desesperanza desoladora de la nada en un vacío existencial. Bonhoeffer describe la estética y analogía del estar siendo de Cristo y la respuesta de quien se permite dejarse cargar por la realidad:

> Pero cuando se ha conocido que el poder de la muerte ha sido destruido, cuando el milagro de la resurrección y de la nueva vida brilla en medio del mundo de la muerte, entonces no se pide de la vida eternidad alguna. Entonces se toma de la vida lo que hay, no todo o nada, sino el bien y el mal, lo importante y lo insignificante, el gozo y el dolor. No se agarra a la vida convulsivamente pero tampoco se la arroja con ligereza. Uno se contenta con el tiempo medio, y no

se atribuye eternidad a las cosas terrenas. Se deja a la muerte el limitado derecho que todavía tiene. Pero el hombre nuevo y el mundo nuevo son cosas que se esperan solamente de más allá de la muerte, del poder que ha vencido la muerte. (Bonhoeffer, 2000:76)

Dejarse cargar por la realidad, *la gracia*, es el don que permite encontrar la esperanza en los sinsentidos deshumanizados, abraza la desesperanza como lo que es. Para Bonhoeffer, la realidad en Cristo se revela desde el incógnito en formas dinámicas y analógicas en el asumirnos como seres humanos reales, que sufren con sus hermanos, y seres humanos que afirman una nueva humanidad en la resurrección. Es decir, para Bonhoeffer, Cristo está siempre siendo fuera de todos los límites establecidos, asumiendo la realidad reconciliadora de toda la creación y humanidad, aunque implique ser una ofensa radical hacia nuestras formas y dogmas religiosos o eclesiales.

El *Ubuntu* (en Bonhoeffer, la *Gemeinde*) se encuentra siendo y revelando más allá de nuestras delimitaciones físico-temporales institucionales. Da visible testimonio de ello la colaboración y resistencia sur-sur en las últimas décadas del siglo xx, y está siendo en México en los procesos de colectividades que se aferran a asumir la realidad en su cruenta y grotesca desnudez. Las familias hermanadas en búsqueda de personas desaparecidas en México encarnan al Cristo que está siendo comunidad entre nosotros; son los evangelios vivientes que apuntan a los signos de los tiempos del *Kairós*, que permiten entonces que la memoria y la historia sean para todos mucho más allá de los límites del tiempo cronológico; revelan desde el incógnito la totalidad del Cristo que está siendo el centro de toda existencia humana, de la creación y de la historia.

Tutu nombra la relevancia del perdón como parte de los procesos de reconciliación, ejercicio fundamental que las familias en la colectividad en México llevan a cabo, donde madres, mujeres y hermanas arrastran el engranaje de la historia reconciliando sus espacios y entornos. La radical diferencia del proceso en Sudáfrica en contraste con México es la *no respuesta* ante la posibilidad de la *no repetición* del dolor que se incide de forma sistémica en lo cotidiano desde las necropolíticas; sin embargo, el *Ubuntu* acontece y confronta de forma radical los sinsentidos religiosos, institucionales y gubernamentales, posibilitando el encuentro con la otredad, la humanización de todo encuentro que permite ir más allá de los discursos que revictimizan bajo narrativas de "víctimas" o "perpetradores" de formas superficiales. El Cristo que acontece con las familias en búsqueda en México da testimonio fiel del reto que nos arroja el peregrinaje terrenal de Desmond Tutu, que no permite olvidar nunca que estamos siendo acogidos en todo tiempo y lugar por el escándalo y desastre del Dios encarnado, y que, aunque "la noche aún no termina, el día ya acontece".[11]

---

[11] Bonhoeffer, 2000: 76.

Referencias

Agamben, Giorgio (2017). *The Omnibus Homo Sacer.* California: Stanford University Press.

Benjamin, Walter. On the concept of history. En Michael W. Jennings y Howard Eiland (Eds.). (2006). *Selected Writings*, vol. 4, 1938-1940. Cambridge, Mass.: Harvard University Press.

Bonhoeffer, Dietrich (2000). *Ética*. Madrid: Trotta.

——— (2016). *Jesucristo: Historia y Misterio.* Madrid: Trotta.

Chul-Han, Byung (2015). *The Burnout Society.* California: Stanford University Press.

Convention on the Suppression and Punishment of the Crime of Apartheid (1973). Doc. 10. Recuperado de https://www.un.org/en/genocideprevention/documents/atrocity-crimes/Doc.10_International%20Convention%20on%20the%20Suppression%20and%20Punishment%20of%20the%20Crime%20of%20Apartheid.pdf

De Sousa, Boaventura (2021). *El futuro comienza ahora: de la pandemia a la utopía.* Madrid: Akal.

Fröchtling, Andrea y Werner, Dietrich (Eds.) (2013). *At Home with God and in the World: A Phillip Potter Reader.* Geneva: WCC.

Levinas, Emmanuel (2001). *Is it Righteous to Be? Interviews with Emmanuel Levinas* (Jill Robbins, ed.). California: Stanford University Press.

Mackay, John (1952). *El otro Cristo español.* México: CUPSA.

Mate, Reyes (2006). *Medianoche en la Historia.* Madrid: Trotta.

Nandy, Ashis (2021). *El enemigo íntimo: pérdida y recuperación del Yo bajo el Colonialismo.* Madrid: Trotta.

Ortega, Ofelia, Tutu, Desmond y Schreiter, Robert (prólog.) (2010). En: Dietrich Werner, David Esterline, Namsoon Kang y Joshva Raja (Eds.). *Handbook of Theological Education in World Christianity: Theological Perspectives, Ecumenical Trends, Regional Surveys.* Oxford: 1517 Media.

Quintero, Manuel y Sintado, Carlos. *Pasión y compromiso con el reino de Dios: el testimonio ecuménico de Emilio Castro.* Buenos Aires: Kairós.

Sobrino, Jon (2004). *Cartas a Ellacuría: 1989-2004.* Madrid: Trotta.

———— (2007). *Fuera de los pobres no hay salvación: Pequeños ensayos utópico-proféticos.* Madrid: Trotta.

DESMOND TUTU. ESPIRITUALIDAD, MÍSTICA Y COMPROMISO SOCIAL

*Ricardo Blanco**

El arzobispo Desmond Tutu fue un hombre sencillo, de familia, de relaciones cercanas, sin protocolo y con un permanente sentido del humor. Al mismo tiempo, tuvo una personalidad compleja, activista social y fue un político comprometido con la desaparición del *apartheid*, la justicia restaurativa, la reconciliación y el perdón; se caracterizó por un sólido espíritu ecuménico e interreligioso, y es reconocido como líder local y mundial. La exigencia de su fe lo llevó a involucrarse en el compromiso y la lucha social y política en una Sudáfrica convulsionada. Sí, la exigencia de su fe y de su vida espiritual fue el motor de su vida activa.

D. Tutu se formó para el sacerdocio con los monjes anglicanos de la Comunidad de la Resurrección, en *St. Peters College*, de quienes, como el mismo relata, captó y experimentó la espiritualidad cristiana más que aprenderla. La vida de formación inmersa en el ciclo diario de la Oración del Oficio, la Liturgia, la Eucaristía, la Biblia meditada, la vida comunitaria y el sentido de búsqueda del servicio y la justicia de esa comunidad monástica lo acompañaron permanentemente hasta sus últimos días.

La espiritualidad anglicana está bien representada en Tutu; su vida procede de la oración litúrgica. Si hay una frase que condensa la espiritualidad y la teología anglicana ésa es *lex orandi, lex credendi*, es decir, "el contenido de la oración es el contenido de la fe". El *Libro de Oración Común*, bíblica, tradicional y racionalmente estructurado, es el vademécum de todo anglicano; esta guía para la liturgia diaria y todas las

* Iglesia Anglicana de México.

ceremonias de la Iglesia es fuente y origen de la reflexión teológica, y un instrumento de unión de la familia anglicana mundial (Curtis, 2022).

Tutu fue conocido por disponer todos los días al menos hora y media de oración y meditación matutina, seguido de la oración del Oficio y la celebración de la Eucaristía (así fuera en un aeropuerto). Al mediodía dedicaba otro tiempo y por la noche para el Oficio; a esto se sumaban tiempos de capilla o caminata en meditación. Esta espiritualidad anglicanolitúrgica no es intimista; impulsa a la acción reflexiva. Tutu supo formarse por este medio para desarrollar una teología desde y para la cultura africana en la coyuntura histórica que vivió. Desde el marco de esta espiritualidad, profundamente anglicana, predicó y vivió con un horizonte social y universalista del cristianismo en pleno diálogo ecuménico e interreligioso, siempre más allá de todo tipo de discriminación.

Un ejemplo claro de la conjunción de su espiritualidad y su compromiso por la justicia social se halla en su diálogo con el Dalai Lama, con motivo del 80 aniversario de este último. Fue compilado en *El libro de la alegría* (Dalai Lama y Tutu, 2021), título notable para dos personajes que han sido marcados por el sufrimiento y la lucha social durante sus vidas.

La descripción y desarrollo del compromiso y acciones sociales de Desmond Tutu puede ser vista con detalle en su libro *Sin perdón no hay futuro* (Tutu, 2012).

Su vida interior y su acción fueron estructurados en y desde la oración basada en la Biblia, la Tradición y la Razón reflexiva y crítica insertas socialmente. Desde los inicios de su formación teológica, es notable que su experiencia del Dios bíblico se encarna en los temas centrales del contexto africano. La experiencia interna de religio, alianza, Encarnación, Trinidad son vividos, experimentados y desarrollados a punto de partida de un aprendizaje imborrable del *ethos* africano, lo llamado *Ubuntu* como eje de vivencia.

Esta experiencia del *Ubuntu* es definida por el mismo Tutu como "una persona es persona a través de los demás" (Ngomane, s.d.). "Esto significa que todo lo que aprendemos y experimentamos lo hacemos a través de las relaciones que establecemos con la gente que nos rodea. Por lo tanto, debemos ser conscientes de nuestras acciones y pensamientos no sólo por cómo nos afectan a nosotros, sino también por el impacto que causan en los demás. Lo que nos enseña este proverbio sabio, y el *Ubuntu* en general, se parece a la regla de oro presente en casi todas las enseñanzas basadas en la fe: Trata a los demás como te gustaría que te trataran a ti. Pero el *Ubuntu* va un paso más allá. No sólo debemos estar atentos a lo que hacemos, sino a cómo lo hacemos" (Ngumane, s.d.)

Ubuntu es una forma de ser, una formación de la subjetividad africana que permea toda la cultura; desde la educación familiar hasta los comportamientos políticos. Si no se comprende la subjetividad formada en el *Ubuntu,* es prácticamente imposible entender cómo pudo funcionar la Comisión de Verdad y Reconciliación en Sudáfrica. La experiencia de saberse persona solamente por la relación con las demás personas aleja la espiritualidad, la reflexión teológica del individualismo occidental. La espiritualidad no es un fenómeno que vive el sujeto aislado; es una experiencia centralmente comunitaria. Si consideramos la mística occidental en relación con la africana, entendemos la gran diferencia, la cual puede ser un gran aporte a nuestro medio de búsquedas espirituales subjetivo/aisladas.

Por otra parte, es un buen ejemplo de cómo una meditación a partir de la Biblia, de la persona de un Dios encarnado en Jesús de Nazareth, es necesariamente creativa y aporta a la construcción del Proyecto de Dios, si nace de asumir los valores de la cultura encarnados en sus miembros. Evidentemente, hay una visión trinitaria, en experiencia orante y reflexiva de lo que significa la unidad y comunidad en las diferencias expresadas en lo trinitario. La unidad y las diferencias humanas cobran un sentido trascendente desde esta perspectiva.

Hay también, en Tutu, una marcada preferencia por citar (e incorporar) a los profetas del Antiguo Testamento y las conductas proféticas de Jesús. El profeta lee la realidad social y, a la mirada de Dios, denuncia contundentemente todo aquello que experimenta como injusticia social y compromete su vida en la acción

Dando un paso más allá de la justicia, Tutu se aproxima siempre al ser humano que realizó hechos de verdadera monstruosidad como a un hermano que merece compasión. Este fruto de su espiritualidad estuvo presente en la Comisión de Verdad y Reconciliación y se expande a muchos otros ámbitos de su vida y trabajo. La búsqueda de perdón y reconciliación se inspira y anima en esta postura de asunción de que toda la humanidad, en su conjunto, está entrelazada con vínculos de hermandad; todos sin excepción, Hijos de Dios. Desde el origen mítico-bíblico de Adán y Eva hasta la unidad de toda la Humanidad en el Cristo, somos parte de un cuerpo sin exclusiones.

"La vida y el trabajo de Tutu son cruciales tanto para el bienestar del mundo como para la supervivencia de la iglesia que parece igualmente inclinada hacia la crisis y las guerras culturales", afirma Battle (2021). La lucha de Tutu contra el *apartheid* fue una batalla espiritual, con lecciones para resistir el crecimiento del nacionalismo cristiano en la actualidad. "Lograr que el opresor viera a Dios en común con los oprimidos fue la mayor contribución de Tutu". Escribe Battle: "Que el opresor confiese que su Dios fue finalmente disminuido en la religión del *apartheid* es un milagro que todos necesitamos replicar".

A continuación, sigo a Battle, biógrafo, teólogo y amigo de Desmond Tutu, para encarar el campo de su vida mística. Entender a Tutu como un místico cristiano es esencial para comprender sus logros. "El objetivo de la vida del místico es lograr la unión con Dios". La forma en que Tutu intentó alcanzar este objetivo animó su vida política. Battle explora la vida de Tutu a través de las tres etapas del misticismo cristiano antiguo:

Purgación: "Muchos de los marcadores tradicionales de un líder eclesiástico institucional autónomo fueron finalmente purgados del estilo de liderazgo de Tutu cuando se vio obligado a asumir el papel principal de resistir los males del *apartheid*". Atravesó una etapa de oscuridad y purificación, análoga a la "noche" de San Juan de la Cruz, para integrar una identidad nueva entre su cristianismo y su experiencia de *Ubuntu*. Desde ahí, podemos ver su nuevo enfoque a partir de la cultura africana.

Iluminación: Como presidente de la Comisión de la Verdad y la Reconciliación de Sudáfrica, y para el mundo, Tutu es un confesor: "Él provoca la verdad que cura las almas. En el clima político actual de noticias falsas y posverdad, las prácticas de espiritualidad como la confesión muestran cómo la religión y la política trabajan de la mano para proporcionar cohesión y coherencia". Crece su experiencia de comprensión/acción en relación con la unidad en la diversidad, visión trinitaria de la realidad humana.

Unión: como anciano y sabio global, Tutu "representa una comprensión más profunda de la santidad. Ésta no es para sí mismo, sino que se convierte en una cosmovisión en la que todos podemos compartir una vida santa". La experiencia unitiva, Trinitaria, con el Dios de su Fe está en permanente retroalimentación con la experiencia de unión con sus semejantes en la integración de las diferencias de todo tipo y sin exclusión.

Sostiene Battle: "la cosmovisión de Tutu sobre el misticismo cristiano contrarresta el sistema del *apartheid*. Su teología *Ubuntu* incorpora la perspectiva africana bantú de la personalidad con una imagen mística de la diversidad de Dios en la unidad. En resumen, *Ubuntu* significa que los seres humanos se necesitan unos a otros para ser humanos. Esta interdependencia es igualmente cierta en la vida divina de Dios".

La combinación única de fe y liderazgo político de Tutu llevó a Battle a acuñar la frase "espiritualidad política". La comprensión de Tutu de cómo la espiritualidad conduce a la política se desarrolló a partir del sentido de comunidad e interdependencia de *Ubuntu*. Como dijo Tutu: "La política y la religión hablan de vida y toda la vida pertenece a Dios, quien es el Señor de toda la vida. El amor a Dios y el amor al prójimo son las dos caras de la misma moneda. ¿Cómo puedes decir que amas a Dios a quien no has visto, cuando odias a tu hermana y al hermano que tienes?"

Battle ha observado la vida espiritual de Tutu desde 1993, sirviendo como su capellán, rezando, conduciendo e incluso trotando con él. Fue testigo de primera mano de su ascetismo y de la centralidad de la oración contemplativa, la meditación y los sacramentos en la vida de Tutu, que le proporcionaban energía y creatividad para afrontar tareas monumentales. Examinar la espiritualidad mística de Tutu ofrece un espejo para el resto de nosotros. A través de la vida espiritual de Tutu, "vemos lo que a menudo se descuida en nuestras propias vidas, porque la vida espiritual es difícil de ver", afirma Battle. "El trabajo de la reconciliación es difícil de percibir, especialmente si uno no sabe que algo debe reconciliarse". Battle, cuyo trabajo como teólogo se ha centrado en cómo la identidad negra y el cristianismo nos ayudan a ver mejor las prácticas de pacificación y reconciliación, ofrece a Tutu como un ejemplo de alguien que une la identidad negra y cristiana.

Tutu continúa ejerciendo influencia espiritual, moral y política, y le dice la verdad al poder junto con otros sabios ancianos como su amigo cercano, el Dalai Lama. Después de todo, "¿cómo puede Tutu retirarse de Dios?", pregunta Battle.

De hecho, en el epílogo de *Desmond Tutu: A Spiritual Biography of South Africa's confessor*, Tutu escribe: "Cuando ya no esté en este planeta en forma física, oro para haber contribuido a formar una conciencia más madura y una conciencia para aquellos que dicen que creen en Dios. No podemos decir que creemos en Dios si nos odiamos unos a otros; mucho menos decir que amamos a Dios y hacemos lo mismo [...] Dios es amor. Espiritualmente, no hay mucho más que decir que esto".

Conclusión

Hemos mencionado el camino de D. Tutu que inicia en las experiencias infantiles, familiares y de su cultura sintetizadas con el concepto bantú de *Ubuntu*, talante social y cultural de interdependencia humana. Desde este entorno de inmersión, accede a la experiencia espiritual y a la reflexión teológica del cristianismo para descubrir en él una forma de vida y expresión cristiana original. Su mundo interior atraviesa las etapas del proceso de la vida mística, pero desde este ángulo de abordaje, ofreciéndonos un refrescante y liberador enfoque para conmover el individualismo occidental.

La Teología que de la experiencia espiritual de Tutu se desprende es fundamentalmente relacional; expresa en su esencia la característica *vía media* anglicana; horror a los univocismos, a la rigidez, y distancia de los equivocismos, de la disolución.

Sin considerar la vida personal/familiar, espiritual y mística de Desmond Tutu, su expresión en textos teológicos y en su acción pastoral y compromiso social, estaríamos con graves dificultades para comprender con integridad al hombre que hemos conocido por su lucha no violenta por la justicia, la paz y la reconciliación.

Todo lo anterior, con muy buen humor.

Referencias

Curtis, Geoffrey (2021). *Espiritualidad anglicana*. Recuperado dehttps://
summa.upsa.es/high.raw?id=0000045009&name=00000001.ori-
ginal.pdf
Su Santidad el Dalai Lama, arzobispo Desmond Tutu, Douglas Abrams
(2021). *El libro de la alegría*. México: Penguin Random House.
Tutu, Desmond Mpilo (2012). *Sin perdón no hay futuro*. Colombia: Hojas del Sur.
Battle, Michael (2021). *Desmond Tutu: A Spiritual Biography of South Africa's Confessor*. Westminster: John Knox Press.

TUTU Y LA COMISIÓN DE LA VERDAD Y RECONCILIACIÓN: PARALELISMOS CON EL CASO DE MÉXICO

Ricardo Guillermo Gallego *

El 29 de octubre de 2021, el subsecretario de Gobernación para los Derechos Humanos, Población y Migración, Alejandro Encinas, "anunció los nombres y perfiles de los integrantes de la nueva Comisión para el Acceso a la Verdad, el Esclarecimiento Histórico y el Impulso a la Justicia de las Violaciones Graves a los Derechos Humanos cometidas de 1965-1990" (Pérez, 2021).

No es la primera vez en México que se ha intentado crear una comisión o fiscalía que pretendiera esclarecer las violaciones graves del periodo llamado guerra sucia. En 1990, el Programa Especial de Presuntos Desaparecidos establecido por la Comisión Nacional de Derechos Humanos (CNDH) lo intentó. "Aunque el programa no reconoció la responsabilidad del Estado en las violaciones cometidas durante la guerra sucia, sí fue el primer esfuerzo institucional por estimar el número de víctimas de prácticas represivas" (Pérez, 2021).

Años después, con Vicente Fox en la presidencia, se estableció la "Fiscalía Especial para la atención de hechos probablemente constitutivos de delitos federales cometidos directa o indirectamente por servidores públicos en contra de personas vinculadas con Movimientos Sociales y Políticos del Pasado" (Femospp). Un nombre muy largo, y sí, un poco más que el de la comisión creada en 2021. En aras de ser muy específicos, se

* De 1981 a 1987, Teología y Ministerio Pastoral en el Instituto Bíblico de la organización Maranatha Christian Churches en la Ciudad de México y Dallas, Texas. En 1988, diplomado en Teología y Asuntos Públicos, en Austin, Texas. En 1999, diplomado en Hermenéutica de la Teología de la Liberación en el Centro Antonio de Montesinos (CAM), Ciudad de México.

cae en frases y conceptos tan extensos que no consiguen más que olvidar el verdadero propósito de una comisión o fiscalía de ese tipo: Conocer la Verdad y que se haga justicia.

"La Femospp fue disuelta en 2006. ¿El resultado final? Diecinueve averiguaciones previas, veinte órdenes de aprehensión, ocho autos de formal prisión y ni una sola sentencia condenatoria. Además, no hubo ninguna reparación a víctimas (ni el intento por hacerlo). Por si fuera poco, nunca se oficializó un reporte final, más allá de tres versiones que fueron difundidas de forma parcial y extraoficial" (Valdivia, 2013: 11).

Según Marcela Valdivia, en la práctica, la Femospp construyó una "amnistía *de facto* para los perpetradores de crímenes del pasado" (Valdivia, 2013: 70).

Otro hecho a destacar. El periodo de guerra sucia donde se pretende "conocer, esclarecer e impulsar la justicia", con esta nueva comisión anunciada el año pasado, sólo abarca de 1965 a 1990. ¿Quiere decir que "conocer, esclarecer e impulsar la justicia" de las violaciones graves a derechos humanos cometidos de 1990 a la fecha —poco más de treinta años— tendrá que esperar hasta el siguiente sexenio? La Comisión actual termina su mandato en septiembre de 2024. En alrededor de dos años debe dar resultados. ¿Y mientras? Aunque es muy importante esclarecer los crímenes del periodo de la guerra sucia de las últimas décadas del siglo xx, tenemos pendientes ya en este siglo… y duelen aquí y ahora a los familiares de desaparecidos, periodistas, ambientalistas, mujeres y defensores de derechos humanos asesinados, crímenes que se exacerbaron a partir de 2006 en la calderonista y mal llamada *guerra contra el narcotráfico*. Curiosamente, el mismo año que se disolvió la mencionada Femospp.

Los Foros de Reconciliación y Pacificación en 2018

En 2018, Andrés Manuel López Obrador (AMLO), ya como presidente electo, impulsó diálogos con colectivos de víctimas mediante el equipo de transición del nuevo gobierno para organizar distintos foros también con organizaciones de la sociedad civil (OSC) e iglesias dentro de la estrategia llamada de *Reconciliación y Pacificación*.

Entre muchas de las propuestas llevadas al equipo de transición de AMLO resalta la del Derecho a La Verdad. En documentos elaborados como conclusión de los foros y entregados al equipo de transición (y donde, en ceremonia especial AMLO entregó reconocimientos a las OSC e iglesias por sus contribuciones), se señalan algunos puntos importantes propuestos por las iglesias: concretamente del Movimiento Ecuménico e Interreligioso "Iglesias por la Paz". Algunos de sus planteamientos elaborados conjuntamente con familiares de víctimas se exponen enseguida:

Propuestas generales para la paz

Las iglesias y personas de fe proponemos que con urgencia se impulsen medidas desde el Estado para acceder a la verdad.

Derecho a la Verdad
El derecho a la verdad implica conocer fundamentalmente el cómo, cuándo, por qué y por quiénes fueron cometidas las graves violaciones a los DDHH. Para y por ello, el Estado debe contar y emplear todos los instrumentos legales de los que dispone y, si no existen, debe crear los necesarios.

Este derecho implica generar una investigación integral que determinará los motivos y la forma de la violación a los DDHH.

En desaparición forzada
- En el caso de desapariciones forzadas, la investigación sólo puede culminar con el exacto y pleno conocimiento de los hechos y la determinación precisa de los autores; por ello, es necesario contar con personal capacitado para la investigación criminalística y forense.
- Mejorar el Registro Nacional de Personas Desaparecidas como un registro único de desapariciones que, además, permita registrar a una persona como víctima de desaparición forzada.
- Invertir en sistemas de identificación a nivel nacional (banco coordinado de ADN).

- Búsqueda.
- Dar prioridad a la búsqueda en vida y en muerte.
- Sistematizar las experiencias de búsquedas en fosas y en vida de los diversos colectivos, en todo territorio nacional para su difusión, reconocimiento institucional de los saberes adquiridos en la práctica y su futura profesionalización.
- Implementar mecanismos de seguridad para los grupos que desde hace años realizan procesos de búsqueda en campo y en contextos de criminalidad.
- Impulsar y legislar leyes que permitan construir un marco jurídico que responda a las demandas y necesidades de las familias.

Hubo muchas otras demandas y conclusiones sobre violaciones de derechos humanos como feminicidio, violencia a migrantes, defensa de la tierra y territorio, apoyo a víctimas de desastres naturales, y similares.

En distintos momentos de los foros, en la palestra se expuso la exigencia del Derecho a La Verdad y se insistió en que, para llegar a conocerla y hacer justicia en las violaciones a los Derechos Humanos, se requería constituir una Comisión de la Verdad sin alcances limitados por el periodo que se quiere abarcar, es decir, no sólo de 2006 a la fecha.

Desmond Tutu y la Comisión de la Verdad y Reconciliación

El referente obligado en antecedentes de comisiones de la verdad surgió en Sudáfrica a mediados de los noventa del siglo pasado. Ciertamente, no fue la primera ni única Comisión de la Verdad —o iniciativa similar, aunque no se llamara *comisión*—, como vemos del caso en el propio México (de las surgidas a partir de 1990) o en América Latina, luego de las dictaduras militares. Pero las atrocidades cometidas por el régimen del *apartheid* llevaron al recién electo presidente de Sudáfrica, Nelson Mandela, en las elecciones democráticas de 1994 y tras el fin oficial de la política de *apartheid*, en 1995, a designar a Tutu como director de la

Comisión para la Verdad y la Reconciliación. Dicha comisión denunció la barbarie de ambos lados y es tomada como ejemplo en todo el mundo.

Desmond Tutu fue arzobispo de Ciudad del Cabo desde 1986 (el primer arzobispo anglicano negro en Sudáfrica), y emérito a partir de 1996 hasta su fallecimiento, el 26 de diciembre del 2021. Premio Nobel de la Paz en 1984, fue un símbolo para la lucha contra el *apartheid* en su país.

Su permanente compromiso con las víctimas de la guerra del *apartheid* contra el pueblo negro sudafricano le movía a escuchar "sus testimonios, visitándolas en sus casas, hospitales, cárceles: metió el cuerpo en el espacio público abierto siempre junto a las víctimas y a los manifestantes contra el *apartheid* en situaciones extremas de dolor y desobediencia civil, porque según él vivía en "una nación de víctimas […] una nación de sobrevivientes".

Desmond Tutu escribió el libro *No future without forgiveness* (*Sin perdón no hay futuro*, 2012), donde argumenta que "la verdadera reconciliación no puede alcanzarse negando el pasado ni concentrándose solamente en lo que pasó. Propone una tercera vía, lejos de los lugares comunes sobre el perdón, con una espiritualidad audaz, acorde al casi indefinible valor de *Ubuntu* africano: el perdón y la reconciliación".

Leonardo Boff menciona cómo el término *Ubuntu* fue clave en las estrategias utilizadas por Tutu en la citada comisión: "Inspirado por *Ubuntu*, el recién fallecido arzobispo anglicano, Desmond Tutu, encontró para Sudáfrica una clave para la reconciliación entre blancos y negros en la Comisión de la Verdad y de la Reconciliación" (Boff, 2022).

Pietro Ameglio también destaca el *Ubuntu* en Tutu: "Otra idea complementaria y poderosa que instaló en la cultura sudafricana y mundial fue la de *ubuntu* y *botho*", términos que resaltan la interdependencia y el bienestar individual, del cual depende el de los otros. Desde el punto de vista de Tutu, estamos creados para vivir en complementariedad. "Ubuntu dice que cuando te deshumanizo inexorablemente me estoy deshumanizando en ese proceso, porque mi humanidad está atrapada en tu humanidad", afirma. Por ello, si deseo mejorar mi humanidad debo dirigir mis esfuerzos a mejorar la humanidad del otro. Pero Tutu va más lejos, cuando recomienda también ser amables "con los blancos", pues como responsable del *apartheid*, se deshumanizan incluso más que el propio oprimido (Ameglio, 2022).

Según su muy recomendable libro "Sin perdón no hay futuro", la Comisión trabajó desde 1995 hasta 1998, y reunió una enorme cantidad de testimonios de violencia política y violaciones a los derechos humanos. Todo, a lo largo de 33 años del régimen del *apartheid*.

Comisiones de la Verdad Colombia-México

El 16 de agosto de 2022, en el Museo Nacional de Antropología de la Ciudad de México, se presentó el informe de la "Primera reunión formal entre las comisiones de la verdad de Colombia y México". En él, participó el psicólogo español Carlos Beristain que conoce bien los dos procesos.

Beristain es uno de los comisionados del informe de la Comisión de la Verdad en Colombia, el pasado 28 de julio; en México, formó parte del Grupo Interdisciplinario de Expertos Internacionales (GIEI) en el caso de Ayotzinapa. Sobre esto, expresa Beristain: "Una comisión de la verdad es un gran proceso para la escucha a las víctimas, y también a los responsables que han querido hablar voluntariamente."

Para Beristain, más que un informe, la comisión representa un proceso que abre el espacio de diálogo. Se trata de un espacio *sine qua non* para reconstruir el tejido social desgarrado por la guerra (Pastrana, 2022).

Propuestas de más Comisiones de la Verdad

En España, ya se está proponiendo la creación de una Comisión de la Verdad en relación con los escándalos de pederastia y abuso sexual. Se envió una carta a la Conferencia Episcopal Española (CEE) titulada *Pasar de las tinieblas a la luz;* fue firmada por entidades como Alandar, Revuelta de Mujeres en la Iglesia, Redes Cristianas, Movimiento por el Celibato Opcional (Moceop) y Red Miriam de Espiritualidad Ignaciana Femenina, y muchos cristianos de base. En dicha carta, "reclaman a la CEE que cese la ocultación de los abusos y que establezca medidas eficaces de búsqueda de la verdad, la justicia y la reparación para sus víctimas y para la protección de los menores" (religiondigital.org 01/02/2022).

Entre las peticiones y exigencias, destaca la creación de una comisión de la verdad, financiada por la Conferencia Episcopal Española (CEE) y la Confederación de Religiosos de España (Confer) —pero con un mandato independiente— para que investigue la auténtica magnitud de los abusos sexuales dentro de la Iglesia católica española. Dicha comisión debe seguir el ejemplo de lo hecho en países como Irlanda, Alemania, Estados Unidos o, más recientemente, Francia. La Iglesia portuguesa también ha anunciado que creará una comisión durante los próximos meses (religiondigital.org 01/02/2022).

Como vemos, la propuesta de creación de comisiones de la verdad para la búsqueda de la verdad, la justicia y la reparación para sus víctimas es indispensable. Sin duda, el caso sudafricano de la comisión dirigida por Desmond Tutu es un referente que puede mostrar caminos hacia el perdón, la reconciliación y la amnistía.

El ejemplo del legado de la Comisión de la Verdad de Tutu al mundo

El mejor homenaje del legado de Tutu al mundo es recoger de sus muchas experiencias, estrategias e ideas surgidas de aquella comisión que presidió, algunas frases representativas que nos muestren ciertas claves para tomar lo mejor que pueda aplicarse, según las muy particulares necesidades de cada contexto regional, nacional e internacional.

Para concluir, se enlistan algunas de ellas:

- "Habría sido muy difícil para la gente perdonar si no fuera por su fe".
- "Como presidente de la Comisión de la Verdad y la Reconciliación

de Sudáfrica, durante horas, semanas y meses escuchó con atención los lamentos y penas de miles de víctimas negras del *apartheid*".

- "Desmond Tutu estuvo en la línea de frente de la lucha ejerciendo su liderazgo a nivel local y nacional. Las iglesias se convirtieron en lugares de reunión y centros de información […] no tenía miedo de hablar con la verdad, directamente y con humor, a quienes estaban en el poder."

- "Tutu enfatizó repetidas veces el papel central del perdón […] No hay futuro sin perdón. Sólo se puede ser humano en una sociedad humana. Si se vive con odio en el corazón, no sólo se deshumaniza uno mismo, sino a la comunidad".

- "Era tierno y vulnerable en su compasión por aquellos que habían sufrido la opresión, la injusticia y la violencia, y por los oprimidos y los opresores de todo el mundo".

- "Al frente de esa Comisión, se embarcó en un viaje difícil, repitiendo que no hay futuro sin perdón. Para perdonar, había que pasar por el sufrimiento de esas terribles historias […] En su fe encontró la fuerza para enfrentar todo esto".

- "No se puede perdonar a 'bajo precio', hay que pasar de la indignación que cada uno siente cuando le hieren, al relato, a la búsqueda de la verdad".

- "El perdón dice que tienes otra oportunidad de comenzar de nuevo".

- "Sin memoria, no hay curación. Sin perdón, no hay futuro".

- "Perdonar no es olvidar; en realidad es recordar, recordar y no usar tu derecho a devolver el golpe. Es una segunda oportunidad para un nuevo comienzo. Y la parte de recordar es particularmente importante. Especialmente si no quieres repetir lo que sucedió".

- "Me gustaría compartir con ustedes dos simples verdades: no hay nada que no pueda perdonarse, y no hay nadie que no merezca el perdón".

- "Esta Comisión intentó en todo momento ser lo más 'imparcial y ecuánime […] No podíamos darnos el lujo de poner en peligro el éxito de nuestra empresa siendo percibidos como predispuestos a favor de uno u otro lado".

- "Tutu hablaba de 'justicia restaurativa' sanadora, en lugar de 'justicia restitutiva' punitiva: 'llegué a la conclusión de que la justicia verdadera no es el castigo, sino la restauración'."
- Sostiene como centro la humanidad esencial del perpetrador, incluso en la más grande atrocidad.
- "La justicia restaurativa cree que una ofensa ha causado una ruptura, ha perturbado el equilibrio social que debe ser restaurado y la ruptura es curada cuando el ofensor y la víctima pueden reconciliarse y la paz ser restaurada".
- "El perdón no implica condonar lo que se ha hecho. Significa […] extraer el aguijón en la memoria, que amenaza con envenenar toda nuestra existencia. Implica tratar de entender a los perpetradores y así tener empatía, tratar de ponerse en sus zapatos y entender el tipo de presiones e influencias que pueden haberlos condicionado".
- "Al escuchar las historias de las víctimas, me asombré de su generosidad, de que después de tanto sufrimiento, en vez de desear venganza, tuvieran ese extraordinario deseo de perdonar […] Fuimos profundamente tocados por la resiliencia del espíritu humano".
- "En los más o menos 50 casos en los que la Comisión condujo las exhumaciones, los familiares pidieron dar un funeral apropiado a los restos de sus seres amados […] Ahora sabían lo que les pasó a sus seres queridos y experimentaron sanidad, dieron un cierre a sus historias. Eso no hubiese ocurrido sin la información provista a través del proceso de amnistía de la Comisión."

Referencias

Ameglio Patella, Pietro (2022). Tutu y la Comisión de la Verdad y Reconciliación: sin perdón no hay futuro. *Desinformémonos.* Academia. Recuperado de https://www.academia.edu/68326732/Tutu_y_

la_Comisi%C3%B3n_de_la_Verdad_y_Reconciliaci% C3%B3n_
sin_perd%C3%B3n_no_hay_futuro

Boof, Leonardo (2022). *"Yo soy yo a través de ti". Ubuntu: una salida a la barbarie*. Recuperado de https://amerindiaenlared.org/blogs/contenidoBlog/862/reflexiones-desde-la-casa-comun/0/Leonardo Boff/23/01/2022

Pastrana, Daniela (2022), piedepagina.mx, 17 de agosto.

Pérez Ricart, Carlos A. (2021). ¿Una Comisión para la revisión del pasado? ¿Por qué y para qué? *Nexos*. Recuperado de https://seguridad.nexos.com.mx/una-comision-para-la-revision-del-pasado-por-que-y-para-que/

Tutu, Desmond (2012). *Sin perdón no hay futuro*. Buenos Aires: Hojas del Sur.

Valdivia Correa, M. (2013). Crónica de un fracaso anunciado: el proceso de injusticia transicional en México. Tesis de Licenciatura, El Colegio de México: México.

REFLEXIONES PERSONALES EN TORNO AL ACTUAR EN NUESTRA COTIDIANIDAD

*Rvda. Prbra. Belina Carranza**

Entre las acciones más complicadas del ser humano está el ser congruente, respetar nuestra dignidad humana, la dignidad de todo ser vivo, incluso a la Naturaleza y, desde luego, a aquellos con quienes compartimos en la cotidianidad.

En ocasiones, nos incomoda que la gente ignore nuestras opiniones, nuestros enojos; sin embargo, no vemos que frecuentemente ni siquiera respondemos el saludo del colega o del vecino.

Vivimos en un mundo de grandes demandas del Yo. Un Yo narcisista incapaz de sentir empatía o compasión por otros, a menos que sea alguien que reacciona a nuestras propias necesidades, a las demandas personales de atención, a esa hambre de ser reconocidos, admirados.

Somos frágiles y aparecemos como seres insignificantes que, al rebelarnos contra Dios, queremos colocarnos en su lugar, incluso queremos decirle cómo debe ser todo. No obstante, Dios sigue intentando llamar nuestra atención, volvernos al corazón, justo como es entendido en el antiguo pacto: el lugar donde se toman las decisiones, donde radica la razón, donde se determina la conducta.

Por esto, quiero distinguir entre actitud y conducta.

Actitud y conducta

---

* Licenciada en pedagogía por la Universidad Intercontinental y licenciada en teología por el Seminario de San Andrés de la Comunión Anglicana en México. Formada como psicoterapeuta con orientación psicoanalítica, ordenada presbítera en la Iglesia Anglicana de México, Diócesis de México.

Las más de las veces, la *actitud* es una máscara que queremos mostrar a los demás; a menudo está en completa oposición o en franca lejanía de nuestra conducta;[1] es lo que mostramos como fachada, lo que trasmitimos de nosotros a los demás. En cambio, la *conducta* es cómo nos conducimos en las acciones observables de nuestro diario actuar. Veamos un ejemplo.

Un contexto hostil

Vivimos preocupados por la seguridad personal, comunitaria; por la creciente violencia intrafamiliar, la opresión política, el cambio climático, la inequidad, la pobreza, los migrantes. Muchos nos manifestamos contra la opresión de un determinado sector y tomamos una postura ante ciertos grupos. Nos fragmentamos como sociedad, tomamos posturas rígidas y a veces inflexibles frente a quienes consideramos que atacan nuestro pensar, nuestra forma de percibir el mundo; incluso, ante quienes desean simplemente hacernos ver la otra parte de los infinitos prejuicios que tenemos; algunos, heredados de nuestro contexto familiar; otros, fabricados como representación social vigente del contexto cultural y social en el que nos desenvolvemos.

La mayoría hemos vivido alguna injusticia, rechazo, momentos de desolación; todos hemos sido migrantes, oprimidos, violentados de una forma o de otra. Migramos de un estado de vida a otro, tratando de encontrar bienestar, felicidad. Reaccionamos con violencia cuando sentimos amenaza; rechazamos lo diferente, lo que nos da miedo, lo que no conocemos. Todos tenemos la idea de mejorar nuestra forma de vida, por ende, mejorar las condiciones educativas, sociales, laborales y familiares de nuestros seres queridos. Es un deseo humano válido.

---

[1] No entraré en conceptos de la psicología social; sólo quiero dejar claro, para efectos de esta reflexión, que cuando la actitud y la conducta no van de la mano, estamos siendo incongruentes y fácilmente caemos en extremismos —o fundamentalismos— para convencer a los demás de algo que nosotros mismos no estamos convencidos.

El problema radica cuando nos parcializamos, cuando esa segmentación en nuestro ser y en nuestro contexto, nos lleva a querer mostrar que somos conscientes de una situación —por ejemplo, el maltrato a los niños y niñas o la explotación o el comercio humano— y nos unimos a marchas y manifestaciones contra cualquier situación que nos causa descontento, enojo, incluso curiosidad o simplemente el deseo de reparar en nuestra historia episodios dolorosos por medio de acciones sociales, públicas. Dedicamos tiempo a estudiar sobre derechos humanos y sobre posibles formas de educar y concientizar; nos pronunciamos y clamamos con una voz que grita por la injusticia que muchos niños, mujeres, migrantes, familias, entre otros, sufren en el mundo.

Una conducta contraria al otro

Sin embargo, a veces, somos incapaces de voltear a ver el abandono, las carencias, el maltrato que estamos haciendo a nuestro prójimo, a nuestros amigos (en el sentido en que Jesús llama *amigos* a sus discípulos), a veces incluso mediante comentarios o bromas que lastiman los sentimientos o su dignidad. Es entonces cuando nuestra conducta, es decir, nuestro actuar, nos delata como contrarios a lo que manifestamos en palabras, aquellos que en las acciones dejan mucho qué desear.

Olvidamos que el bienestar es una tarea en conjunto, que requiere una mente y un corazón abiertos hacia quienes son distintos o que piensan y actúan diferente; en nuestras diferencias es donde realmente nos enriquecemos, crecemos y somos capaces de edificar y reconocernos en el otro.

Las más de las veces, actuamos desde un Yo necesitado de reconocimiento; peor aún, están aquellos que necesitan reparar sus propias carencias de vida, que, si bien todos tenemos, no todos podemos superarlas y, como bien dijo en algún momento el arzobispo Tutu, "una vida en plenitud, no depende de lo que experimentamos. La plenitud depende de cómo interpretamos estas experiencias en nuestras vidas". En nosotros es, pues, donde está la posibilidad de reparar, sanar. Una postura muy anglicana es aprender a tomar la vida como viene, no como creemos que debe ser, pues muchas de las situaciones que vivimos, si bien están ligadas a nuestra historia, nuestros orígenes, también son parte innegable del plan de Dios para que con lo que tenemos, lo que somos, podamos interrelacionarnos, complementarnos, siendo el cuerpo donde Cristo es la cabeza.

Al luchar por los derechos de otros, en ocasiones se busca entender el sentimiento de injusticia de la propia vida. Son muy pocos quienes tienen esa actitud y conducta ligadas a un motivo de renovación y justicia humana auténtico, de compartir lo que se ha vivido, lo que se entiende como mínimo necesario para trabajar y aportar en mejorar las vidas y condiciones de esos otros y de todos. para compartir el bienestar interno, la fortaleza espiritual, entendiendo que necesitamos actuar para acompañar, contener en las frustraciones, el descontento, el dolor, de manera auténtica y no por necesidades egoístas, las más de las veces inconscientes.[2]

Pues bien, en este marco que pretende invitar a la introspección, quiero plantear lo que, para muchos anglicanos, es la base de nuestro ser cristiano.

Ser anglicano

---

[2] El inconsciente nos lleva a actuar la sombra junguiana que hace que nuestras acciones de esa parte del yo desconocida o inconsciente dañen a los demás. Es un "saber que no se sabe", desde Doltó; y es que no podríamos vivir si lo hiciéramos consciente, pues el mismo Freud descubrió que hacer consciente lo inconsciente nos enloquece. Sería terrible darnos cuenta de que lo que deseamos hacer por nuestro propio bien, es un daño al prójimo. No es maldad, es necesidad inconsciente, es querer "ensayar" para reparar las carencias del yo, del sí mismo, de la relación fallida.

No es fácil ser anglicano, pues no es practicar una religión, sino una filosofía de vida, una postura ante la realidad del aquí y ahora.

Es la certeza de que somos parte de la Creación, como lo es para el creyente. De que somos libres para tomar decisiones en el amar, decir, razonar y que debemos tratar de alcanzar una vida en armonía con lo que nos rodea y con Dios. Sin embargo, en ocasiones, tomamos decisiones equivocadas, alteramos nuestra relación con el Todo, deformamos esas relaciones de vida humanas y nuestro entorno; olvidamos que, a lo largo de la historia, Dios nos ha enviado profetas para anunciarnos la importancia, la necesidad de volvernos a Él. Nos olvidamos de sus mandamientos; sobre todo, del máximo que nuestro Señor Jesucristo nos ha dado para llevarnos a la plenitud: Amar al prójimo como a nosotros mismos.

Qué complicado se vuelve todo, qué difícil llevar a la práctica la regla de oro, los mandamientos, seguir a Cristo. No debemos permitir que sea sólo una actitud, una frase, sino convertirlo justamente en el eje de la conducta, de lo medible (las conductas pueden medirse) de lo que Dios espera de nosotros, del cuidado y construcción del Reino de Dios, del pacto que adquirimos los cristianos bautizados: garantizar el crecer como iglesia[3] dentro de ella, conocer a Cristo y seguirlo.

Dios emplea incontables maneras para llegar a nosotros. Una de esas vías en el siglo pasado, y parte de este siglo, fue el arzobispo Desmond Tutu.

Para los anglicanos, respetar y velar por la dignidad de las personas es un principio inamovible. Es parte de esa congruencia que se requiere para vivir una vida en Cristo. La iglesia anglicana es litúrgica. Exactamente en lo que quiere decir liturgia: "en medio del pueblo".

Nos movemos, entonces, en esa relación con Dios, con la Creación, con el otro, no desde la carencia o desde la diferencia, sino desde aquello que nos permite aceptarnos, integrarnos. Un anglicano bien estructurado

---

[3] *Iglesia* entendida como la congregación comunitaria de personas que independientemente de su confesión, son sensibles a la presencia del otro con su individualidad y posibilidad de integración en una sola fe.

no crea divisiones, no hace diferencias y sí alza la voz.

No toma una causa en particular. Mira a su alrededor y decide, de acuerdo con las prioridades de su entorno, por dónde comenzar; el reto está en no olvidar lo que está interrelacionado. Las causas del sufrimiento humano no son simples. Generalmente, están vinculadas entre sí y a múltiples factores; por lo mismo, desde adentro de la complejidad de ese universo surgen situaciones de desigualdad, rechazo y enfermedad; y el compromiso es escoger por dónde comenzar.

Desmond Tutu

El Arzobispo Tutu dejó muy claro lo anterior. Considerado uno de los activistas más importantes del siglo pasado, muy reconocido y premiado, nunca se quedó en una sola causa. Ni siquiera en una causa propia o en su propio sufrimiento o en el dolor o resentimiento de las experiencias adversas que enfrentó (marginación, racismo, desplazamiento por causa de éste, imposibilidad de estudiar medicina por falta de recursos, entre otras situaciones). Al contrario: además de hacer valer su dignidad como persona hasta llegar a ser el primer obispo de color en Sudáfrica, dirigió todas sus acciones en favor de la humanidad. La humanidad en pleno, sin distinciones, sin preferencias: niños y niñas, enfermos terminales o con sida, diversidad sexual, entre muchas otras situaciones que nos aquejan como humanos.

Profesionista, teólogo, sacerdote, esposo, padre de familia, fue un ejemplo de que la actitud y la conducta sí pueden ir juntas, sí puede haber congruencia y que ésta es responsabilidad.

Estuvo no sólo en la foto, sino siempre en medio del pueblo y en lo que implica generar un cambio: alzó la voz, señaló la necesidad, tocó fibras y puertas importantes. Ésa es la enseñanza de Tutu, la herencia de un anglicano a la humanidad. Actuar no es sólo tomar una postura, hacerse de un grupo de lucha por una causa, sino tratar de integrar desde la observación de la realidad el sufrimiento, la violencia, la injusticia, y sus causas. Esto es justo lo que hace tan difícil el actuar.

Actuar no es porque la iglesia o el sacerdote digan que iremos al infierno si no expiamos nuestros pecados ayudando al otro. Más bien, es comenzar a identificar, desde nosotros mismo, desde el contexto propio, las diferencias que nos unen; es asumir que, si bien la vida no es perfecta, sí puede ser una excelente aventura sin señalar o alienar, sino unidos para mejorar nuestro contexto.

También es dejar de ver a un ser humano fragmentado sin entender que sus acciones violentas y agresivas vienen de un sufrimiento rancio, que aqueja su ser por sentirse parte de un plano superior, una iglesia. Ser anglicano es sentirse parte de un todo y, entonces, ser agentes de cambio mediante acciones cotidianas concretas.

Experiencias emocionales correctivas

Un ejemplo de lo anterior se halla en las *experiencias emocionales correctivas* que, para efectos de este escrito, se entenderán como la posibilidad de los seres vivos de tornar una situación adversa en una sensación de aprendizaje significativo que permita cambiar nuestro estado de ánimo. Como diría san Pablo, cambiar nuestra forma de pensar, para cambiar nuestra forma de vivir.

Algunas veces, encontramos personas que parecen enojadas con la vida, con una gran amargura en su corazón, porque sienten que nada les ha salido bien. Esas personas se muestran hoscas; su actitud es de distanciamiento y su conducta de rechazo al otro, ya sea en agresión silenciosa o en simple ignorancia de la existencia del otro, o de su enorme necesidad de enumerarnos todos sus logros y sus credenciales y sus contactos. Pero sabemos que hay un gran anhelo de ser contenido, comprendido. En nuestro interior, frente a estas personas, muchas veces sentimos la necesidad de huir, de no escuchar, de evitarlas. Pues bien, la experiencia emocional correctiva en las situaciones descritas consiste en escuchar y acompañar, cambiar la conducta que el otro espera, pues generalmente quienes viven injusticia y rechazo esperan ser tratados con injusticia y rechazo. Debemos entender que su actitud es la defensa de una herida profunda que necesita desinfectarse, sanar; que es producto de eventos de su historia y no conoce otra manera de relacionarse, por lo cual están ligadas a situaciones de conflicto en todos los aspectos de su humanidad.

Cambiar las respuestas actitudinales y conductuales de lo que alguien con vivencias negativas espera es poner en práctica una forma de reparar la relación con Dios, que rompemos con nuestro egoísmo y narcisismo. Es tratar de recordar desde nosotros mismos, que no siempre somos bienvenidos o queridos; también es entender, desde lo más profundo, las frustraciones propias y ajenas, para repararlas en el aquí y el ahora. Se trata, asimismo, de construir un puente de esperanza para todos, no sólo para quien es hostil; es tener la capacidad de sonreír amablemente a quien no ha encontrado su lugar en el mundo, o peor aún, a quien le ha sido robado o usurpado su espacio personal.

Esa pequeña acción que podemos hacer en la cotidianidad es, sin duda, un gran cambio en la vida de quienes nos rodean, de quienes encontramos a diario. Es la esperanza reunida, donde ambos actores tienen una oportunidad de crear un vínculo, un lazo que cambia la relación con el entorno, con la Creación. Es unir las voces para dar presencia a quienes los sistemas sociales olvidan o alienan. Y todo esto ocurre, justamente, desde ese pequeño actuar cotidiano, desde ese cambio de conducta.

Reconocer a Dios en el otro

No necesitamos conocer a las personas; necesitamos entender que, desde nuestra propia dignidad de ser humano, el otro merece un lugar junto a nosotros sin importar su origen, su cultura. Sólo porque es un ser humano como yo, como cualquiera, como todos.

Estamos hechos a imagen y semejanza de Dios, pero no somos Dios. Somos, entonces, partes de Dios, pero lo olvidamos y nos centramos en lo malo de los otros, en las carencias de los otros.

Qué diferente será el mundo cuando aprendamos a reconocer lo bueno en el otro, cuando eliminemos la necesidad de ser el centro de nuestra existencia para dar paso a la generosidad de compartir lo que en verdad somos, de reconocernos en lo que podemos reconocernos: nuestra finitud y fragilidad.

Reconocer al Resucitado en cada persona es piedra angular para la filosofía de vida anglicana, en cada nueva experiencia cotidiana. Seguramente tendremos tristezas, enojos, decepciones, traiciones; pero aprenderemos que son momentos de vida, etapas que nos llevan a vivir de una manera reflexiva en el compromiso de ser cristiano, conscientes de que, en la vida, no todo se vale, sino que todos valen.

Reconciliar nuestra historia

Para los anglicanos —y para el mundo, en general—, las acciones de Desmond Tutu son un ejemplo y también una responsabilidad. Hay que asumir el compromiso de que ser humano no es tomar partido por una causa sola, sino iniciar por un aspecto quizá cercano, quizá inmediato del propio entorno para relacionarse de manera integral con todas las manifestaciones humanas, con todo valor cristiano que edifique, con todo un trabajo de introspección que nos conduzca a una honestidad personal y un reconocimiento pleno. El reconocimiento de que cada día tenemos la oportunidad de comenzar de nuevo, de aceptar que necesitamos al otro, que debemos reconciliarnos con nuestra propia historia y con quienes son distintos, con quienes consideramos enemigos. Debemos desarrollar la compasión como la expresión más alta y pura de acompañamiento amoroso y solidario a los demás, como una forma de reconocer que sólo nos tenemos los unos a los otros, pues somos parte de una gran familia pidiendo a Dios que quite de nuestros corazones el odio, el resentimiento, la arrogancia, para derribar las barreras que nos separan y vivir en armonía. Así conoceremos la paz en nuestro interior para, a través de nuestro propio corazón, mantener alejada la crueldad, trabajando por la igualdad de oportunidades, encontrando nuestra plenitud de vida.

No es fácil esta filosofía de vida. Pero vale la pena intentarla cada día.

TUTU: CONSTRUCTOR DE PAZ Y NO VIOLENCIA EN MEDIO DE LAS PEORES VIOLENCIAS E INHUMANIDADES[1]

Pietro Ameglio[*]

Desmond Tutu, arzobispo anglicano de Ciudad del Cabo, ha muerto a los 90 años. Se trata de la muerte de uno de los últimos grandes líderes sudafricanos negros del gran movimiento nacional e internacional *antiapartheid*; una referencia mundial de paz, derechos humanos y liderazgo religioso. Respondió plenamente a los signos de los tiempos en su país, Sudáfrica.

Estuvo casado por 66 años con Leah, quien siempre lo acompañó y apoyó en las decisiones más difíciles. Durante una situación de mucho acoso y represión, Tutu le preguntó qué hacer, y ella respondió: "Prefiero verte feliz y preso en Robben Island, que infeliz y frustrado afuera". Ambos renunciaron a sus trabajos para no ser cómplices del *apartheid* en la educación, que obligaba a los jóvenes a aprender en afrikáner.

Tutu fue ampliamente solidario con otros pueblos oprimidos: Palestina, Tibet, Zimbabue, Zaire, Etiopía, Nigeria, Sudán, Chechenia, Myanmar, Cataluña, Panamá, Haití. También defendió causas de exclusión social, como la comunidad LBGT, el matrimonio infantil, el sida, mujeres-lesbianas-gays como sacerdotes y sacerdotisas.

Radicalidad humana y evangélica

---

[1] Texto basado en gran parte en Ameglio, 2022.

[*] Activista social de la noviolencia, profesor de la UNAM en la Facultad de Filosofía y Letras de Cultura de Paz y Resistencia Civil. Miembro del movimiento latinoamericano "Servicio Paz y Justicia" (Serpaj-Morelos) y del Consejo Latinoamericano de Investigación por la Paz.

Sudáfrica tiene en su raíz histórica de lucha social la experiencia de no violencia de Gandhi y la población hindú a inicios del siglo xx, así como la del pueblo negro y el Congreso Nacional Africano (cna). La gran lucha de este pueblo y sus muchas etnias se vio reconocida con tres premios Nobel de la paz: Albert Luthuli, en 1960; Tutu, en 1984 y Nelson Mandela, en 1993.

Tutu fue radical en la denuncia y en el llamado a acciones contra el *apartheid* y el gobierno sudafricano. Su rol en la promoción del boicot internacional fue fundamental. Afirmaba que "casi todos los negocios [del sector empresarial] participaron en el capitalismo racial, en connivencia con los gobernantes del *apartheid*, para sacar todo el provecho que fuera posible" (Tutu, 2012: 241).

Además de las múltiples acciones de las sociedades civiles, al boicot se unieron grandes empresas trasnacionales como Chase Manhattan Bank, ibm, General Motors. El boicot alcanzó al deporte internacional: la asamblea General de la onu aprobó la Convención Internacional contra el Apartheid en los Deportes el 10 de diciembre de 1985.

Complejo en sus expresiones públicas, paradójico más que contradictorio, Tutu mediaba sin renunciar nunca a sus principios. Llamó a la desobediencia civil y negoció con el gobierno afrikáner. De gran capacidad retórica, expresaba ideas complejas y profundas en palabras sencillas. Reía a carcajadas y también lloraba con las víctimas que visitaba. Sus carcajadas fueron también su arma de lucha social. Comentaba: "El sentido del humor de Dios es increíble: eligió antepasado a un adúltero, como David" (Univ. California, 2005).

Con un "principio de realidad" muy claro y racional sobre su país y su historia reciente, llamó a Sudáfrica *nación del arco iris del mundo* —frase retomada por Mandela—, donde se privilegiaba la idea de multiinterculturalidad, inclusión social para todos los sectores sociales, sin ánimo de venganzas.

Ayudó a instalar en la cultura sudafricana la poderosa idea de *ubuntu* y *botho*, a partir de dos conceptos de la etnia xhosa de su padre y de su madre setswana: "El individuo solitario es una contradicción; nadie puede ser humano en soledad [...] Necesitamos que otros seres humanos nos ayuden a ser humanos […] Estamos creados para vivir en una delicada red de complementariedad. *Ubuntu* dice que, cuando te deshumanizo, inexorablemente me estoy deshumanizando en ese proceso, porque mi humanidad está atrapada en tu humanidad. Para mejorar mi humanidad tengo que trabajar en mejorar tu humanidad". También recomendaba ser "amables con los blancos […] para redescubrir su humanidad", porque, afirmaba, "el *apartheid* deshumaniza más al opresor que al oprimido." (Tutu, 2012: 170, 209).

La Comisión de la Verdad y Reconciliación: la verdad ante todo como sanación

Su permanente compromiso con las víctimas de la guerra del *apartheid* contra el pueblo negro sudafricano fue notable; escuchaba sus testimonios, las visitaba en sus casas, hospitales, cárceles: metió el cuerpo en el espacio público, abierto siempre junto a las víctimas y a los manifestantes contra el *apartheid* en situaciones extremas de dolor y desobediencia civil, porque, según él, vivía en "una nación de víctimas […] de sobrevivientes" (Tutu, 2012: 113).

El pináculo de su vida política fue su presidencia de la Comisión de la Verdad y Reconciliación,[2] por pedido de Mandela, presidente de la república multirracial de Sudáfrica desde 1994. Dicha Comisión intentó ser "imparcial y ecuánime […] No podíamos darnos el lujo de poner en peligro el éxito de nuestra empresa siendo percibidos como predispuestos a favor de uno u otro lado". Por tanto, no sólo se acusó a los gobiernos sudafricanos del *apartheid*, sino que también se esclarecieron crímenes de los movimientos de liberación negros, incluido el propio CNA. Se trató de un trabajo desgastante, con presiones brutales de todos

---

[2] En estas cintas puede profundizarse el trabajo de la Comisión: *Boorman* (2005), *Joffé* (2017), *York* (2006).

los bandos. Unos pugnaban por que "lo que está enterrado quede enterrado" (Joffé, 2017), buscando mantener su impunidad; otros por que existiera una justicia inmediata y proporcional a la brutalidad sufrida.

Tutu insistía en la "tercera vía", un acuerdo intermedio entre el extremo de los juicios de Nuremberg y la amnistía general o la amnesia nacional. Él negaba que otorgar amnistía alentará "la impunidad, porque la amnistía sólo se otorgó a aquellos que se declararon culpables [...] el proceso realmente alienta a asumir responsabilidades [...] La solución a la que se arribó no era perfecta, pero era lo mejor que podíamos tener, dadas las circunstancias: la verdad a cambio de la libertad de los autores materiales" (Tutu, 2012: 68).

La Comisión reivindicó y dignificó la lucha del pueblo negro sudafricano. Muchas víctimas aceptaron su herida y gran dolor como precio de la lucha (UCSB). La Comisión trabajó desde 1995 hasta 1998 (el informe final se presentó el 29 de octubre), con 21,000 testimonios de violencia política y violaciones a los derechos humanos durante 33 años de régimen del *apartheid*: desde 1960 con la masacre de Sharpeville, hasta el 10 de mayo de 1994 con el inicio del gobierno de Mandela. La difícil definición de "grosera violación" —hacia todos los bandos involucrados— en el Acta se limitó a las acciones de matar, secuestrar, torturar y maltrato severo.

La Comisión tuvo tres comités: *1)* de Amnistía; *2)* de Reparación y Rehabilitación; *3)* de Violaciones a los DDHH que, a su vez, tenía tres tareas básicas: descubrir causas y naturaleza de las violaciones a los derechos humanos en esos 33 años, identificar a las víctimas para su compensación, conceder amnistía a quienes aceptaran su responsabilidad en las violaciones a derechos humanos y contaran la verdad completa de lo sucedido. La tarea "era llegar a tanta de la verdad como fuera posible y teníamos que recordarle a todo el mundo que no daríamos un veredicto de culpable o inocente al final de la audiencia" Tutu, 2012: 181).

Se concedió amnistía a 849 perpetradores y se negó a 5 392. Las condiciones legales para solicitar la amnistía eran: que el hecho hubiera sucedido entre las fechas indicadas de 1960 y 1994; que tuviera causantes políticas y no personales; que el solicitante describiera lo más posible en detalle el hecho; que existiera proporcionalidad entre los medios y el objetivo.

Una crítica central fue que el gobierno democrático sudafricano no compensó plenamente a las víctimas. El informe consignaba: "Sin medidas adecuadas de compensación y rehabilitación no puede haber sanidad ni reconciliación, ni a nivel individual ni comunitario [...] El otorgamiento de la amnistía les niega a las víctimas el derecho de demandar civilmente a los autores materiales. Por lo tanto, el Gobierno debe hacerse responsable de la compensación" (Tutu, 2012: 68). Tutu sostenía que "el camino de la amnistía y la compensación es el paso que nuestra nación eligió transitar" (Tutu, 2012: 75).

En este aspecto económico, es de destacar que "los delegados trataron deliberadamente de evitar el uso de la palabra 'compensación' [...] la intención de esa suma era simbólica más que sustancial": la Ayuda Urgente Provisoria consistía en 330 dólares por víctima, la Ayuda Compensatoria Individual era de 3,830 dólares por año durante 6 años; el costo total estimado como nación sería de 477 millones de dólares (Tutu, 2012: 71,72).

A su vez, siempre se procuró mantener respeto y sensibilidad por los testimonios de las víctimas, en el mismo nivel que la Comisión, para que no pareciera que estaban en un banquillo de acusados. La atmósfera fue solemne, cálida, con cabinas de traducción, pues testigos y víctimas hablaban en la lengua que escogieran. Se colocaron también unos carteles en las audiencias que decían: "La verdad duele, pero el silencio mata" (Tutu, 2012: 18).

Personas voluntarias al lado de las víctimas declarantes —*briefers*— acompañaron a los testigos. Se sentaban a su lado cuando testificaban, les proveían el consuelo de su presencia y ofrecían un vaso de agua, un pañuelo" (Tutu, 2012: 118, 121).

Tutu agregaba que "las personas sí querían contar sus historias. Habían sido silenciadas durante mucho tiempo [...] vueltas invisibles y anónimas por un sistema perverso de injusticia y opresión [...] Nos sentimos afligidos porque no muchas personas de raza blanca dieron un paso al frente. Aquellos que sí lo hicieron eran personas sumamente admirables" (Tutu, 2012: 119).

Justicia restaurativa: sin perdón no hay futuro

Perdón, *reconciliación*, *amnistía* son términos muy delicados de manejar en los procesos de construcción de paz durante o después de las guerras. Las víctimas de Sudáfrica decían: "Queremos perdonar, pero no sabemos a quién" (Tutu, 2012: 160).[3] El lema del gobierno de Mandela, después de 27 años de cárcel fue: diálogo y perdón. Tutu y Mandela abogaron constantemente por la reconciliación entre las partes, tan polarizadas y violentamente confrontadas por el *apartheid*, definido como *crimen contra la humanidad* (Tutu, 2012: 117). Nunca dejaron de denunciar la inhumanidad y brutalidad de ese régimen segregacionista de gobierno, instaurado en 1948 por el Partido Nacional blanco afrikáner, cuya ideología P. Botha describió cínicamente, en boca de uno de sus principales presidentes, como de "buena vecindad".

El trabajo y proceso de esta Comisión fue un ejemplo internacional, aun con muchas críticas válidas, de justicia transicional: para muchos, hubo libertad sin justicia, hubo sanación nacional, comunitaria e individual, con impunidad. Tutu hablaba de "justicia restaurativa" sanadora, en lugar de "justicia restitutiva" punitiva: "llegué a la conclusión de que la justicia verdadera no es el castigo, sino la restauración" (Tutu, 2012: 167). Al respecto, en Ruanda, Tutu afirmó en 1995, poco después del genocidio, que para romper el ciclo de venganza y represalia en ese país había que "ir más allá de la justicia retributiva: la justicia restaurativa, avanzar y perdonar, porque sin perdón no hay futuro" (Tutu, 2012: 274).

---

[3] En la película de Joffé (2017) una madre de desaparecida dice: "¿Cómo puedo rezar por ella si no sé qué le pasó?"

Decía Tutu: "Su objetivo no es la punición, sino la restauración. Sostiene como centro la humanidad esencial del perpetrador, incluso en la más grande atrocidad. La justicia restaurativa cree que una ofensa ha causado una ruptura, ha perturbado el equilibrio social que debe ser restaurado y la ruptura es curada cuando el ofensor y la víctima pueden reconciliarse y la paz ser restaurada […] Dios no se rinde con nadie. Todos fuimos hechos para el bien, cada uno es una obra maestra" (Univ. California, 2005).

En las audiencias Tutu afirmaba que "la única forma de ser personas completas, saludables y felices es aprendiendo a perdonar […] Nuestro país debe gran parte de su supervivencia al señor Mandela por ser un defensor tan apasionado del perdón y la reconciliación" (Tutu, 2012*:* 194), al grado que en la ceremonia de asunción de su gobierno el invitado de honor fue su carcelero blanco.

"Al perdonar, no se les pide a las personas que olviden […] es importante recordar, así no permitimos que semejantes atrocidades vuelvan a suceder. El perdón no implica condonar lo que se ha hecho. Significa […] extraer el aguijón en la memoria, que amenaza con envenenar toda nuestra existencia. Implica tratar de entender a los perpetradores y así tener empatía, tratar de ponerse en sus zapatos y entender el tipo de presiones e influencias que pueden haberlos condicionado" (Tutu*,* 2012*:* 285*)*.

Y añadía: "No podemos continuar alimentando resentimientos hasta por aquellos que ya no pueden hablar. Tenemos que aceptar que lo que hacemos lo hacemos por las generaciones pasadas, por las presentes y las generaciones por venir" (Tutu, 2012*:* 293). En cambio, la reconciliación tiene otros tiempos: "La reconciliación es susceptible de ser un proceso a largo plazo con altibajos […] Trabajar para la reconciliación es comprender el sueño de Dios para la humanidad, entonces sabremos que en realidad somos miembros de una sola familia, unidos en una delicada red de interdependencia" (Tutu*,* 2012*:* 288).

Por otro lado, en un tema central a reflexionar en todo momento y situación de violencia, Tutu insistió en que quienes perpetraron el *apartheid* eran personas comunes y corrientes: "Al escuchar las historias de los autores de violaciones a los derechos humanos [...] advertí que cada uno de nosotros tiene la capacidad para llevar a cabo el más horrible mal" (Tutu ,2012: 97). Y profundizaba: "No debemos subestimar el poder del condicionamiento. Ésa es la razón por la cual yo tengo la visión de que deberíamos ser un poco más generosos, un poco más comprensivos al juzgar a los perpetradores [...] Eso no significa que debamos perdonar lo que ellos y la comunidad blanca hizo o permitió que pasara. Pero seremos un poco más compasivos en nuestros juicios a medida que tomemos conciencia de cómo nosotros podríamos sucumbir tan fácilmente como ellos" (Tutu, 2012: 266).

Un complemento a esta doctrina, según Tutu, se expresaba muy claramente en documentos del Consejo de Seguridad Estatal bajo el concepto de *denegabilidad plausible* donde textualmente se sostiene que "los políticos deliberadamente expresaban sus instrucciones de forma tal que ellos, los autores intelectuales de las atrocidades de la fuerza de seguridad, pudieran transferir la responsabilidad a sus subordinados" (Tutu, 2012: 257).

"Bajo el *apartheid*, los sudafricanos blancos cometieron el grave error de confundir 'legal' con 'moralmente correcto' y por lo tanto se ponían coléricos cuando algunas personas decíamos que las leyes injustas no obligaban a la obediencia [y promovíamos] campañas para desobedecer estas leyes injustas. Muchos sudafricanos blancos pensaban también que 'ilegal' era igual a 'inmoral'" (Tutu 2012: 238, 239). Asimismo, "Cuando alguien sí hacía una confesión, les pasaban la culpa a otros: 'Seguíamos órdenes', rehusándose a reconocer que, como individuos moralmente responsables, cada persona tiene que asumir la responsabilidad por llevar a cabo órdenes inescrupulosas" (Tutu 2012: 284). Otro argumento de los victimarios blancos era que se acusaban de ignorancia, de no querer saber lo que sospechaban. He aquí planteado uno de los aspectos centrales de la no violencia: ¿cómo desobedecer órdenes que nos deshumanizan? (Marín, 2014).

Finalmente, sobre el largo proceso testimonial tan doloroso de la Comisión, Tutu dijo: "Me sentí agradecido [...] por toda la gente maravillosa que había acudido a la Comisión y que generosamente se había desnudado ante nosotros y ante el mundo, haciéndose vulnerables y ayudándonos a recuperar nuestra humanidad al rehabilitarles a ellos su dignidad" (Tutu, 2012: 225). "Al escuchar las historias de las víctimas, me asombré de su generosidad, de que después de tanto sufrimiento, en vez de desear venganza, tuvieran ese extraordinario deseo de perdonar […] Fuimos profundamente tocados por la resiliencia del espíritu humano" (Tutu, 2012: 97).

Con los testimonios de autoinculpación de victimarios, se pudo saber de granjas por todo el país, con fosas clandestinas que fueron desenterradas. También se conocieron escuadrones de la muerte y sociedades secretas, es decir, se pudo desentrañar mejor el proceso constituyente de esa brutal guerra contra la población negra. "En los más o menos 50 casos en los que la Comisión condujo las exhumaciones, los familiares pidieron dar un funeral apropiado a los restos de sus seres amados […] Ahora sabían lo que les pasó a sus seres queridos y experimentaron sanidad, dieron un cierre a sus historias. Eso no habría ocurrido sin la información provista a través del proceso de amnistía de la Comisión" (*Ibidem:* 203). Se cumplió el deseo desesperado a gritos de millares de familiares, ya que "las personas desaparecían sin dejar rastro porque sus cuerpos eran reducidos a cenizas" (Tutu, 2012: 142).

Todo este proceso de la Comisión de la Verdad y Reconciliación, encabezado por Desmond Tutu, fue de tremendo dolor; pero también permitió, en parte, sentar las bases de una vida algo más democrática y no segregacionista en la nueva *republica del arco iris* sudafricano, así como se construyó un proceso social de verdad y justicia —también lleno de limitantes— que significó mucha sanación y esperanzas renovadas individuales, familiares y colectivas. Se trató de una experiencia histórica original y compleja, no posible ni deseable de imitar mecánicamente, pero sí obligada de conocerse cada vez más y retomar lo que de ella pueda ser útil en otras naciones —como la mexicana, por ejemplo— para construir socialmente verdad, justicia, reparación y no repetición.

Referencias

Ameglio, P. (2022) "Tutu y la Comisión de la Verdad y Reconciliación: sin perdón no hay futuro" en *Desinformémonos.* México, 14 enero 2022. Recuperado de: https://desinformemonos.org/tutu-y-la-comision-de-la-verdad-y-reconciliacion-sin-perdon-no-hay-futuro/

Arendt, H. (2003). *Eichmann en Jerusalén. Un estudio sobre la banalidad del mal.* Barcelona: Lumen.

Boorman, J. (2005). *In my country.* Película.

Dalai Lama, D. Tutu y D. Adams (2017). *El libro de la alegría. Alcanza la felicidad duradera en un mundo en cambio constante.* México: Grijalbo.

Joffé, R. (2017). *El precio del perdón.* Película.

Marín, J.C. (2014). *Conocimiento y desobediencia a toda orden inhumana.* Pról. de Myriam Fracchia. Universidad Autónoma del Estado de Morelos.

Milgram, S. (1980). *Obediencia a la autoridad. Un punto de vista experimental.* Bilbao: Desclée de Brouwer.

Tutu, D. (2012). *Sin perdón no hay futuro.* Argentina: Hojas del Sur.

Univ. California (ucsb). "Reconciling love", Sta. Barbara, video, 11-4-05. Ver en: https://www.youtube.com/watch?v=iV2LURTu3eQ

York, S. (2006). *Confronting the truth.* Video, International Center on Nonviolent Conflict.

ARCO, DE PASTOR EN EL DOLOR A PROFETA DEL PERDÓN Y LA JUSTICIA

*Miguel Álvarez Gándara**

Tuve el honor de conocer al arzobispo Desmond Tutu y de escucharlo varias veces, en distintos lugares. Su vida y labor contribuyeron al cambio en Sudáfrica e iluminaron otras luchas en el mundo. Sonriente, profundo, su voz siempre clamaba por otros y abría caminos. Era sobre todo un pastor y, con base ello, maduró e irradiaba luces de profeta.

Los grandes cambios y procesos de paz obedecen principalmente a condiciones y actores locales. Esto lo comprueba el proceso en contra del *apartheid*, que requirió varias etapas, según los retos del proceso. Fue Tutu uno de sus personajes centrales, a quién tocó cargar una de esas etapas preliminares, pero también la humildad de participar en las siguientes, para madurar la ola social y las posibilidades políticas y legales para el cambio necesario.

Fui testigo del cariñoso abrazo que se dio con *Tatik* Samuel Ruiz, otro obispo profeta y ecuménico. Conocí a su hija Thandi; por ella supe que en cariño le decían *Arco* (diminutivo de arzobispo, que hacía juego con la imagen de arcoíris que tanto gustaba).

Soy uno de los tocados. Por ello, va mi testimonio no de alguien que murió, sino de quien sobrevivirá en lecciones vigentes, ejemplo de rutas que podemos caminar y multiplicar.

* Laico y mediador mexicano que por más de 40 años ha participado en diversos procesos de Paz de América Latina y del mundo. Secretario de don Sergio Méndez Arceo, de don José Llaguno y de don Samuel Ruiz, tuvo la oportunidad de conocer y convivir en diversas ocasiones civiles y religiosas con la vida y labor de Desmond Tutu. Este texto da cuenta de su agradecimiento.

Desde ahí, permítanme retomar sin citar lo dicho por muchos otros, para tratar de acentuar cuatro de sus grandes aportes:

Cómo *Arco* abrió, desde su fuerza pastoral, una ruta histórica en lógica no violenta y de derechos.

Cómo fue que *Arco* contribuyó a la maduración y transición, que convenció y convirtió a líderes claves de la resistencia, como el propio Mandela.

Cuál fue su visión humana y de fe que logró avances inéditos en la ruta del perdón y la reconciliación.

Cómo comprendió y qué hizo después de superar al *apartheid* y enfrentar las estructuras de injusticia.

Cuáles fueron sus claves y lecciones pastorales para llegar a la dimensión profética.

Pastor en la apertura de una ruta pacífica

Desmond Tutu es uno de los grandes líderes sudafricanos negros del gran movimiento nacional e internacional *antiapartheid*, reflejado en tres premios Nobel de la Paz: Luthuli, en 1960, Tutu, en 1984 y Mandela, en 1993.

Ante el creciente conflicto enfrentado de manera violenta y armada, *Arco* generó e impulsó la ruta no violenta y la solidaridad que movió voluntades para lograr lo que parecía imposible: terminar la política de segregación racial y discriminación impuesta por el gobierno de la minoría blanca contra la mayoría negra en Sudáfrica, elegir constitucionalmente a un gobierno negro, y abrir una nueva etapa de la Nación Arcoíris para generar cambios en la dimensión de igualdad y justicia. Así, *Arco* fue actor indispensable para propiciar la etapa que luego amarró Mandela para legar "una Sudáfrica liberada", y después para impulsar otro de sus grandes aportes: el de un modelo viable de justicia restaurativa y de reconciliación nacional.

Bautizado metodista, Desmond quería ser médico. No pudo y se hizo maestro, labor a la que renuncia indignado por las leyes racistas.

Encuentra, entonces, la vocación de ser pastor anglicano que acompañe a las víctimas en su dolor y en su esperanza de justicia. Se hace cercano al movimiento comunitario. Elige vivir en Soweto, suburbio pobre y negro de Johannesburgo, que a la larga sería sede emblemática de represión, organización y esperanza.

En vez de legitimar la separación de fe y política, de moralidad y legalidad, con las que se defendía al *apartheid*, *Arco* las vinculó con base en su comprensión bíblica sobre la libertad. Por lo tanto, instaba a que se buscaran las bases bíblicas de la liberación y dio resonancia a la Teología Negra, predicando la necesidad de un cambio radical, pero pacífico. Sobra decir que se retroalimentó de reflexiones y experiencias de la Teología de la Liberación latinoamericana,

La teología negra que impulsó está basada en dos conceptos complementarios de la etnia xhosa de su padre y de su madre setswana, *Ubuntu* y *Botho*. Así lo explicaba:

> Una persona es una persona a través de otras personas. Cuando usted se deshumaniza, yo también me deshumanizo, porque mi humanidad está contenida en la del otro […] En nuestra lengua africana decimos: una persona no existe, sino por otras personas. Ninguno de nosotros viene al mundo plenamente formado. No sabríamos caminar o hablar si no lo aprendemos de otros seres. *Ubuntu* es estar abierto y disponible para los demás, tener conciencia de que se pertenece a algo más grande, y que una persona es disminuida cuando los otros son disminuidos o humillados, torturados u oprimidos […] Necesitamos que otros seres humanos nos ayuden a ser humanos. Te necesito a ti con todos tus dones y debilidades, para poder ser yo con todos mis dones y debilidades. *Botho* es que estamos creados para vivir en una delicada red de complementariedad, por lo que para mejorar mi humanidad tengo que trabajar en mejorar tu humanidad. Por ello, también había que ser amables con los blancos, porque les necesitan para redescubrir su humanidad, ya que el *apartheid* deshumaniza más al opresor que al oprimido.

Tutu se inspiró de varias experiencias referenciales en el mundo, particularmente de Gandhi y de Martin Luther King. En esa línea, en los ochenta impulsó vínculos entre organizaciones comunitarias, iglesias, universidades y sindicatos, así como marchas y acciones de resistencia, desobediencia civil y boicot económico. Pronto encontró que no bastaba la denuncia y acción nacional: necesitaba articular internacionalmente en torno a la propuesta de una África del Sur Unida y No Racial.

En vez de lucha violenta, *Arco* despliega la audaz radicalidad de la acción nacional e internacional en contra de la legitimidad de gobierno represor y racista, en respaldo de una Sudáfrica liberada. Hace del *apartheid* un tema global, y promueve varias iniciativas a todo nivel y en toda lógica, desde la política y económica, la cultural y religiosa, hasta la artística y deportiva. Involucra a gobiernos, empresas y sociedad civil, ubica a la dimensión de los Derechos Humanos en una capacidad de impacto y cambio superior a la lógica del choque de fuerzas.

Después de más de 20 premios y doctorados, en trabajo conjunto con el Consejo Mundial de Iglesias, a finales de 1984 recibió el premio Nobel de la Paz, reconocimiento que fortaleció la vía del diálogo y abrió nuevas condiciones al proceso.

"Me sorprende que los negros radicales digan que somos sus líderes. ¿Qué tenemos para demostrar todo lo que decimos sobre el cambio pacífico? Nada", declaró en enero de 1985. Aun así, reconocido y laureado internacionalmente, siguió sufriendo agresiones en su país; en 1988 declaró que continuaría su resistencia, pues "no estamos desafiando la ley, sino obedeciendo a Dios"; todavía en 1989 fue arrestado por negarse a abandonar una manifestación que había sido prohibida.

Arco cargaba tareas y expectativas de gran peso que le urgieron a dinamizar en la transición a los actores políticos que podrían conducir las siguientes etapas. También consolidó su papel de constructor, al abrir interlocuciones con todos los actores necesarios para frenar la injusticia y el choque, abriendo a la reconciliación y la democracia.

La mancuerna profética y estratégica con Mandela

La conexión de las etapas contra el *apartheid* y por la democracia requirió interlocutores sustentados en sólidas plataformas representativas que fueran llevando la confrontación al terreno de la política, las instituciones y las leyes, construyendo confianzas mientras se evitaba el choque desigual en las calles. En este concierto de pasos y de voces, destacan dos personajes que fueron enlace complementario: *Arco* Desmond Tutu como liderazgo espiritual con las claves culturales y de mística a impulsar; y *Madiba* Mandela como liderazgo político con las claves estratégicas para representar y conducir una gran cosecha al tiempo que nueva siembra histórica.

En febrero de 1990, *Arco*, ya Arzobispo de Ciudad del Cabo, recibió a Mandela en las puertas de la prisión y lo hospedó esa noche en su casa. A los pocos días, lo acompañó a un balcón del Ayuntamiento donde el talismán del CNA hizo su histórico y conmovedor discurso público, primero después de 27 años en prisión. Bajando poco a poco su perfil, estuvo al lado de Mandela propiciando las condiciones electorales y de participación popular.

Se llegó a lo que Tutu llamó *el mágico día del 27 de abril de 1994*. "El mundo observó con alivio y sorpresa las largas filas de sudafricanos de todas las razas que se dirigían hacia las mesas de votación de primeras elecciones libres y democráticas. El milagro había ocurrido. Humanidad compartida, las dos partes, el gobierno del *apartheid* y los movimientos de liberación, se dieron cuenta de que ninguna de las partes derrotaría al adversario. La presencia de líderes valientes, de ambas partes, deseosos de correr el riesgo de tener una pizca de fe en la otra, permitió que una situación de estancamiento estéril se convirtiera en una oportunidad dorada para la libertad. Estos líderes decidieron sentarse a hablar, en vez de luchar. Hasta ese momento, el otro era el enemigo, el terrorista, el violento, Tuvimos la fortuna de contar con dos líderes (Frederick de Klerk y Nelson Mandela) que tenían suficiente credibilidad y poder político para confiar en su electorado" (notas de la valoración histórica del proceso que compartió en Cali, Colombia, en febrero de 2005).

Tutu estuvo cuando *Madiba* juró como el primer presidente negro del país, y siguió con él al aceptar presidir la Comisión Nacional de Reconciliación, su mayor aporte en la etapa de construcción.

Transición democrática y reconciliación

El lema del gobierno de Mandela fue *Diálogo y perdón*. Tutu y Mandela abogaron constantemente por la gestación de un nuevo proyecto nacional fundado en la reconciliación entre las partes tan polarizadas y violentamente confrontadas por el *apartheid*. Así, la tarea climática del *Arco* sucedió al aceptar de Mandela la invitación de conducir la Comisión de la Verdad y Reconciliación, instancia responsable de investigar y judicializar los crímenes cometidos.

Convencida de que la reconciliación no se logra negando el pasado, de que sin verdad no hay perdón, y que sin perdón no hay futuro, la Comisión trabajó desde 1995 hasta 1998. Procesó más de 30 mil testimonios de violencia sucedidos durante el *apartheid* a partir de 1960. Mediadora e imparcial, atendió igual las violaciones del gobierno como las de los movimientos de liberación negros. Ni el cumplimiento de órdenes ni la causa justa podían justificar los crímenes.

Tutu hablaba de justicia restaurativa y sanadora, en lugar de justicia restitutiva y punitiva. El objetivo no es el castigo, sino la restauración. Así, abrió una tercera vía: en interacción de víctimas y perpetradores, modeló una amnistía particular a cambio de la exposición y reconocimiento de culpabilidad del crimen por el cual solicitaban indulto. La verdad como ruta de libertad de los autores materiales.

Se tiene como centro la humanidad esencial del perpetrador, incluso en la más grande atrocidad. Cree en la bondad esencial de todos como creados a imagen de Dios; incluso el peor de nosotros sigue con el potencial de convertirse en algo mejor para ser rehabilitado. La justicia restaurativa cree que una ofensa ha causado una ruptura al equilibrio social que debe ser restaurado; la ruptura es curada cuando el ofensor y la víctima pueden reconciliarse y la paz ser restaurada.

En las audiencias, Tutu decía: "No es fácil pedir perdón, y tampoco es fácil perdonar. Pero nosotros somos personas que sabemos que, cuando alguien no puede ser perdonado, no hay futuro". Y agregaba que es importante recordar, así no permitimos que semejantes atrocidades vuelvan a suceder. El perdón no implica condonar lo que se ha hecho. "Significa extraer el aguijón en la memoria, que amenaza con envenenar toda nuestra existencia".

Lo más importante sucedió en lógica de Paz: se frenó la confrontación violenta por cuestiones raciales, y hubo sanación nacional, comunitaria e individual.

Retos estructurales *postapartheid*

En sus últimas décadas, *Arco* lamentó que su sueño de una "nación arcoíris" aún no se hubiera hecho realidad. La Sudáfrica *postapartheid* se convirtió cada vez más en una fuente de frustración para Tutu, pues las grandes esperanzas de los primeros días de la democracia dieron paso a la desilusión por la violencia, la desigualdad y la corrupción. En su lucha por una Sudáfrica más justa, llamó a la élite política negra a rendir cuentas con la misma contundencia que a los afrikáners blancos.

Más tarde, cuando asumió que evitar el *apartheid* no bastaba para todas las justicias a construir, *Arco* se abrió a otras agendas. Así, ratificó su defensa de los derechos humanos, abriéndolos a la salud y a todo tipo de marginación, incluidos los que viven con el VIH y la tuberculosis, calificando esa exclusión como un *nuevo apartheid*. "Yo no puedo alabar a un dios homófobo", declaró en defensa de las personas discriminadas por su preferencia sexual. Y fue consecuente en el apoyo a su hija, Mpho, ordenada en el sacerdocio anglicano, cuando tuvo que dejarlo por casarse con otra mujer.

Simultáneamente, Tutu dinamizó su solidaridad y lucha por la paz en el mundo. Con valentía, fue voz enérgica en defensa de la nación palestina, contra la invasión de Irak en 2003, o contra las masacres perpetradas por Rusia en Chechenia. Nadie fue tan sólido en la crítica mundial a Reagan, Bush, Blair y Putin.

Asumió además la causa del ecologismo y se erigió en una de las voces más autorizadas en la protección del medio ambiente y en contra de la depredación. Abogó para que la comunidad internacional se planteara detener la crisis climática mediante un "boicot al estilo del *apartheid* para salvar el planeta", y calificó la crisis climática como el "*apartheid* de nuestro tiempo".

Formaba parte de las 18 personalidades mundiales que apoyan la Alianza de Civilizaciones. Era miembro del Comité de Honor de la Coordinación Internacional para el Decenio de la No violencia y de la Paz. Fundó en 2007 y presidía el grupo *The Elders,* de constructores de Paz, y trabajaba con su familia en el Desmond Tutu Peace Centre.

Luces y claves proféticas

Dos calificativos resonaron en los homenajes funerarios a *Arco*: ser el *padre espiritual* de la nueva Sudáfrica, además de *Profeta del Sur Global*.

El actual presidente Ramaphosa recordó "al querido *Madiba* Mandela como padre de la democracia sudafricana, junto al querido arzobispo Desmond Mpilo Tutu como padre espiritual de nuestra nueva nación". Otros dijeron: "Siempre fue brújula moral y conciencia nacional; cuando en la oscuridad, él traía la luz".

También declararon: "Tutu conjugaba de manera única un coraje indomable y una profunda benevolencia, enteramente despojada de odio, y un sentido profundo de la justicia, fundada sobre la compasión y sobre la aspiración de todos los seres a evitar la persecución, la discriminación y la injusticia. Todo esto, envuelto en un maravilloso sentido del humor y una sincera humildad."

¿Cuáles eran sus claves para lograr dimensión profética? ¿Qué lecciones nos deja?

Su profunda fe y solidez pastoral, que irradiaba su creencia en la humanidad y dignidad de cada persona, y en la esperanza de superar la desigualdad en el mundo. Contagiaba la confianza y alegría en la actividad y la presencia amorosa de Dios entre nosotros. Por razón de ese sueño de Dios en nuestra humanidad, desplegó el ardor por la justicia que impulsa la acción profética. Además, la fe de Desmond Tutu fue ecuménica y motivó la lucha contra la división en una misión fervorosa por el reino de Dios.

Su actitud constructiva, que siempre denunciaba y proponía contra toda forma de opresión en todo el mundo. Profecía globalizada, convertida en referencia mundial de paz, reconciliación y derechos humanos, es una de las fuentes inspiradoras que menciona el papa Francisco en su encíclica *Fratelli Tutti*.

Su libertad, valentía y congruencia mediadora para denunciar, criticar y convocar por igual a todas las partes. Con propuesta radical, habló con y para todos. Criticó a la violencia y abrió una ruta histórica, al llorar con las víctimas.

Aunque su ministerio tuvo resonancias políticas y brilló como teólogo, activista de Paz y defensor de los derechos humanos, el centro de su identidad era ser pastor. Un pastor humilde y valiente que alzó la voz por los oprimidos, pisoteados y dolientes, y siguió las consecuencias.

Su dimensión del perdón basada en claves africanas y bíblicas de humanidad complementada. Con esta base, vinculó la esperanza aun con los mayores dolores y dio a la memoria, a la verdad y a la reconciliación un sentido de futuro.

Su calidez y empatía con las víctimas, las comunidades y los procesos a todo nivel. Su congruencia se alimentaba en hablar en cualquier momento en cualquier calle pobre y enlodada, para desde allí empujar en cualquier foro con los líderes mundiales.

Su palabra fuerte y clara, hablada o escrita, fue capaz de decir ideas muy complejas y profundas en palabras sabias y sencillas comprensibles por todos.

La sencillez de vida fue un signo clave en su testimonio, probado en el austero ataúd de pino que había escogido para su entierro.

Su autoridad moral para convocar y proponer, basado en valores bíblicos, la reestructuración de las sociedades y acabar con la desigualdad. Aunque incómodo para muchos poderes, siempre fue respetado y escuchado.

Su sentido familiar, comunitario y de eclesialidad, que se acompañaron siempre a lo largo de su labor. Más allá de su fuerza personal, mucho se honra el proyecto de pareja y de familia detrás de la visibilidad y liderazgo de *Arco*.

Me quedo con el sabor de "quien abrazó a todos los que alguna vez habían sentido el viento frío de la exclusión, y ellos a su vez lo abrazaron". Su amigo Mandela dijo que, "si a *Arco* no lo dejan entrar al paraíso, nadie de nosotros estará allí". Habría sido muy difícil para Sudáfrica perdonar si no hubiera sido por su fe.

Pongo mi esperanza de que esta misma fe, que movió a todo un país, sea el motor del cambio que nuestras sociedades e iglesias necesitan. *Arco* vive mientras continuemos su labor.